VOCABULÁRIO DE MERLEAU-PONTY

VOCABULÁRIO DE MERLEAU-PONTY

Pascal Dupond
Professor de Première supérieure

Tradução
CLAUDIA BERLINER

Revisão técnica
HOMERO SANTIAGO

wmf **martinsfontes**

Esta obra foi publicada originalmente em francês com o título
LE VOCABULAIRE DE MERLEAU-PONTY
por Les Éditions Ellipses
Copyright © Ellipses Éditions-Marketing, França
Copyright © 2010, Editora WMF Martins Fontes Ltda.,
São Paulo, para a presente edição.

1ª edição 2010
2ª tiragem 2022

Tradução
CLAUDIA BERLINER

Revisão técnica
Homero Santiago
Acompanhamento editorial
Luzia Aparecida dos Santos
Revisões
Maria Fernanda Alvares
Helena Guimarães Bittencourt
Edição de arte
Katia Harumi Terasaka Aniya
Produção gráfica
Geraldo Alves
Paginação
Moacir Katsumi Matsusaki
Capa
Casa Rex

Dados Internacionais de Catalogação na Publicação (CIP)
(Câmara Brasileira do Livro, SP, Brasil)

Dupond, Pascal
 Vocabulário de Merleau-Ponty / Pascal Dupond ; tradução Claudia Berliner ; revisão técnica Homero Santiago. – São Paulo : Editora WMF Martins Fontes, 2010. – (Coleção vocabulário dos filósofos)

 Título original: Le vocabulaire de Merleau-Ponty.
 ISBN 978-85-7827-318-7

 1. Merleau-Ponty, Maurice, 1908-1961 – Glossário, vocabulários, etc. 2. Merleau-Ponty, Maurice, 1908-1961 – Linguagem I. Título. II. Série.

10-06703   CDD-100.1

Índices para catálogo sistemático:
1. Vocabulários de Merleau-Ponty : Filosofia   100.1

Todos os direitos desta edição reservados à
Editora WMF Martins Fontes Ltda.
Rua Prof. Laerte Ramos de Carvalho, 133 01325.030 São Paulo SP Brasil
Tel. (11) 3293.8150 e-mail: info@wmfmartinsfontes.com.br
http://www.wmfmartinsfontes.com.br

"Como o tecelão [...], o escritor trabalha no avesso: lida apenas com a linguagem e é assim que, de súbito, vê-se rodeado de sentido." O que Merleau-Ponty nos ensina aqui sobre o escritor ilumina bem a dificuldade de lê-lo. Sua obra se elabora numa "fala falante" que desconcerta seu leitor deslocando as disparidades regradas de significado depositadas no universo da cultura ou na "fala falada" e convidando-o a uma iniciação que é indivisivelmente de língua e de pensamento. Por vezes há quem diga que essa fala nova substitui o rigor austero do conceito pelo brilho da metáfora. Tal juízo permanece na exterioridade. Para quem aceita entrar no campo de experiência que ela nos propõe, essa fala desenha com segurança as essências que o cotejo da experiência consigo mesma traça e responde a todas as exigências da racionalidade filosófica. Este *Vocabulário* se propõe a dar a ver alguns fios da trama, a fim de que o leitor de Merleau-Ponty, pela maravilha do tecelão, seja, por sua vez, rodeado de sentido.

ABREVIAÇÕES

AD   *Les aventures de la dialectique* (Gallimard, 2000) [Ed. bras.: *As aventuras da dialética*, trad. Claudia Berliner, Martins Fontes, 2006.]
CN   *La Nature, Notes, Cours du Collège de France* (Seuil, 1995) [Ed. bras.: *A natureza*, trad. Álvaro Cabral, Martins Fontes, 2006.]
EP   *Éloge de la philosophie* (Gallimard, 1953 e 1960)
HT   *Humanisme et terreur* (Gallimard, 1947) [Ed. bras.: *Humanismo e terror*, trad. Naume Ladosky, Tempo Brasileiro, 1968.]
LMG   *Lettre à Martial Guéroult* ("Un inédit de M. Merleau-Ponty", *Revue de métaphysique et de morale*, n°. 4, 1962, pp. 401-9)
NC   *Notes de cours – 1959-1961* (Gallimard, 1996)
P   *Le Primat de la perception et ses conséquences philosophiques* (Cynara, 1989) [Ed. bras.: *O primado da percepção e suas consequências filosóficas*, Papirus, 1990.]
PM   *La Prose du monde* (Gallimard, 1969) [Ed. bras.: *A prosa do mundo*, trad. Paulo Neves, Cosac Naify, 2002.]
PP   *Phénoménologie de la perception* (Gallimard, 1945) [Ed. bras.: *Fenomenologia da percepção*, trad. Carlos Alberto Ribeiro de Moura, Martins Fontes, 1994.]
RC   *Résumés de cours – Collège de France, 1952-1960* (Gallimard, 1968)
S   *Signes* (Gallimard, 1960) [Ed. bras.: *Signos*, trad. Maria Ermantina de Almeida Prado Galvão, Martins Fontes, 1991.]
SC   *La Structure du comportement* [Ed. bras.: *A estrutura do comportamento*, trad. Márcia Valéria Martinez de Aguiar, Martins Fontes, 2006.]
SNS   *Sens et non-sens* (Gallimard, 1996)
VI   *Le Visible et l'invisible* (Gallimard, 1964) [Ed. bras.: *O visível e o invisível*, trad. José Artur Giannotti e Armando Mora d'Oliveira, Perspectiva, 1971.]

As notas de trabalho citadas sem referência fazem parte dos documentos inéditos depositados na Biblioteca Nacional da França.

Os termos alemães que figuram nas citações foram traduzidos entre colchetes.

Carne
Fr.: *Chair*

* A noção merleau-pontyana de carne não é alheia ao uso corrente do termo, pois corresponde em parte ao que a fenomenologia chama "corpo vivido" ou "corpo animado" (*S* 287), isto é, o corpo que percebe e se move, deseja e sofre; mas ela se afasta do sentido habitual na medida em que visa não a diferença entre o corpo-sujeito e o corpo-objeto, mas, antes, inversamente, a matéria comum do corpo vidente e do mundo visível, pensados como inseparáveis, nascendo um do outro, um para o outro, de uma "deiscência" (*VI* 190, nota) que é a abertura do mundo. Portanto, a carne nomeia própria e fundamentalmente a unidade do ser como "vidente-visível".

** Radicalizando os conhecimentos da categoria de estrutura (em que se apaga a oposição entre exterioridade espacial e ideia, entre puro fora e puro dentro), a carne nomeia em um mesmo movimento 1/ o ser "paradoxal" de nosso corpo como "ser de duas faces": "coisa entre as coisas e, ademais, aquilo que as vê e toca" (*VI* 180), visível e vidente, corpo fenomenal e corpo objetivo, dentro e fora; 2/ o ser paradoxal do mundo, que é também um "ser das profundezas, de várias folhas ou várias faces", superfície e profundeza, visível e invisível, fato e "essência carnal", fenômeno e "ser de latência", doação e retração, luz e trevas; e, enfim, 3/ a indivisão do ser do corpo e do ser do mundo: a carne é "a indivisão desse ser sensível que sou e de todo o resto que se sente em mim" (*VI* 309), ela "é o sensível no duplo sentido do que se sente e do que sente" (*VI* 313). Mas ela só é essa indivisão na própria medida em que é também a segregação ou a fissão que faz nascer a massa sensível do corpo vidente na massa sensível do mundo (*VI* 179). A unidade dessa indivisão e dessa fissão é "a reversibilidade que define a carne" (*VI* 189): a ontologia da carne já não pensa, de forma nenhuma, o vínculo entre a carne do vidente – minha carne – e a carne do visível ou do mundo em termos de relação sujeito-objeto e sim em termos de "correspondência de seu dentro e de meu fora, de meu dentro e de seu fora" (*VI* 179, nota), de reversibilidade (*VI* 189) ou de envolvimento recíproco, de entrelaçamento ou de quiasma: "Meu corpo como coisa visível está contido no grande espetáculo. Mas meu corpo vidente subtende esse corpo visível e todos os visíveis com ele" (*VI* 182). A carne, acrescenta Merleau-Ponty, não tem nome em nenhuma filosofia: ela não corresponde a nenhuma das categorias da metafísica, pois ela "não é matéria, não é espírito, não é substância" (*VI* 184), nem composição de corpo e espírito (*VI* 185), ela até recusa a divisão entre a coisa e a ideia, a individualidade espaçotemporal e a universalidade (*VI* 184, 188), ela é "elemento", no sentido em que o eram o fogo, o ar, a água e a terra para os "fisiólogos" pré-socráticos, "coisa geral" (*VI* 184) ou "dimensão" (*VI* 188). Ela é uma "noção última" (*VI* 185), de categoria ontológica, não antropológica (*VI* 179).

*** O termo carne, que recupera a noção husserliana de *Leib*, só aparece, na *Fenomenologia da percepção*, na fórmula "de carne e osso" (*leibhaft*). De fato, ali Merleau-Ponty designa o "corpo animado", diferente do "corpo objetivo", mediante os termos "corpo próprio" ou "corpo fenomenal". O termo carne torna-se uma categoria ontológica fundamental no momento em que Merleau-Ponty compreende que a obra de 1945 não conseguiu pensar a unidade do corpo fenomenal e do corpo objetivo (ou, também, do corpo senciente [*sentant*] e do mundo sensível), pois o campo transcendental (apesar de todo o esforço de pensar uma verdadeira cooriginariedade do Si e do mundo) é pensado, em última instância, como pendente do ato de um sujeito, de uma "existência", de um "espírito", de uma liberdade: mediante a relação entre espírito e natureza (fundo inumano sobre o qual o homem se instala ou estrutura "imobilizada" da existência), é a relação sujeito-objeto que, sutilmente, se perpetua. Trata-se, a partir de então, de escapar da subjetividade do transcendental, de pensá-lo já não como existência, mas como deiscência, relação narcisista do visível com ele mesmo "que me atravessa e me constitui em vidente" (*VI* 185).

Cogito

* O pensamento do *cogito* percorre toda a obra de Merleau-Ponty, na medida em que, para ele, a reflexão (que tem no *cogito* sua fórmula) é a recuperação e a atestação filosóficas da verdade da experiência. Logo, o *cogito* não designa o homem como consciência ou subjetividade. Designa a dimensão na qual a filosofia recolhe o sentido da experiência e eleva-a, pela expressão, à categoria de um "conhecimento definitivo". Essa situação explica uma certa polissemia do *cogito*, que às vezes se identifica à evidência do mundo na ingenuidade da fé perceptiva (*PP* 342), mas designa igualmente uma expressão filosófica da evidência do mundo (a certeza de que há ser enquanto ser para mim – *SNS* 114), ou visa, até, a interpretação propriamente *reflexiva* (cartesiana) da evidência do mundo como certeza do espírito pensando por si próprio (*VI* 51). Os Cursos do Collège de France tentam pensar dialeticamente esses três sentidos distinguindo um *cogito* vertical e um *cogito* horizontal.

** Na *Fenomenologia da percepção*, Merleau-Ponty distingue um *cogito* tácito e um *cogito* falado. O *cogito* de Descartes é "falado" ou mediado pela linguagem. Mas ele remete a um *cogito* tácito, "presença de si a si" (*PP* 462-463), que precede toda filosofia. *Cogito* tácito e *cogito* falado são, alternadamente, fundante e fundado: o *cogito* tácito funda o *cogito* falado, no sentido em que "a linguagem pressupõe, decerto, uma consciência da linguagem, um silêncio da consciência que envolve o mundo falante…". Mas o *cogito* falado funda o *cogito* tácito, no sentido em que esse silêncio da consciência "ainda não se pensa e precisa ser revelado" e só se tornará verdadeiramente *cogito* através da expressão (*cogito* falado). Em suas notas de trabalho, Merleau-Ponty recusa o *cogito* tácito (*VI* 224) considerando-o uma projeção ingênua do *cogito* falado no pré-reflexivo: o mundo do silêncio não seria uma consciência confusa de si e do mundo, mas o *lógos* interior (*endiathetos*) ao Ser bruto ou vertical. Nos cursos do Collège de France (*NC* 221-268), o *cogito* cartesiano é lido como uma reflexão (o *cogito* horizontal) que acolhe o irrefletido (o *cogito* vertical) sem falsificá-lo.

O *cogito*, pensado fora da oposição entre fato e essência, seria não mais uma subjetividade ou uma consciência, mas uma chama, uma "luz iluminante-iluminada" (*NC* 235), a deiscência que separa e une, une separando, separa unindo, o ser e o pensamento.

***Vê-se, pois, que o *cogito* não é redutível, segundo Merleau-Ponty, aos pressupostos da filosofia reflexiva. Ainda que possa aparecer, na *Fenomenologia da percepção*, como ainda dependente de uma filosofia da consciência, ele é o nome próprio da compreensão de si da experiência depois da obra de 1945 e, também no momento em que Merleau-Ponty formula as mais vivas críticas contra a consciência, a relação sujeito-objeto ou a imanência transcendental. O *cogito* marca a virada por meio da qual a experiência, reapossando-se de si, procura pensar sua verdade, ele se mantém na articulação do campo fenomenal com o campo transcendental.

Corpo
Fr.: *Corps*

* Na *Fenomenologia da percepção*, Merleau-Ponty distingue 1/ o "corpo objetivo", que tem o modo de ser de uma "coisa", que é, segundo uma nota de trabalho de 1958, "o corpo do animal, analisado, decomposto em elementos", e 2/ o "corpo fenomenal" ou "corpo próprio", que a um só tempo é "eu" e "meu", no qual me apreendo como exterioridade de uma interioridade ou interioridade de uma exterioridade, que aparece para si próprio fazendo aparecer o mundo, que, portanto, só está presente para si próprio a distância e não pode se fechar numa pura interioridade (segundo a mesma nota de trabalho, a passagem do corpo objetivo para o corpo fenomenal "não é passagem ao para si, é sua unidade, sua totalidade, a qual é visível mesmo de fora, embora o aspecto para outrem e para mim nunca seja o mesmo"). O corpo fenomenal é, assim, um "corpo-sujeito", no sentido de um sujeito natural (*PP* 231) ou de um eu natural (*PP* 502), provido de uma "estrutura metafísica", mediante a qual ele é qualificável como poder de expressão, espírito, produtividade criadora de sentido e de história.

** O corpo fenomenal é biface, uma vez que está na junção da natureza com a liberdade. De um lado, é habitado por um nada ativo, "não está onde está, não é o que é" (*PP* 230), ele é a própria existência em seu movimento de transcendência: é a potência de se juntar às coisas e de se sincronizar com elas; ele secreta sentido e o projeta sobre seu meio (*PP* 230); é um sistema sinérgico cujas funções estão todas unidas no movimento geral do ser no mundo (*PP* 267-268); é "o lugar, ou antes, a atualidade do fenômeno de expressão" (*PP* 271); "ele faz o tempo em lugar de padecê-lo" (*PP* 276); mais que um corpo real, ele é esse "corpo virtual" que em cada situação temos de ter para que um mundo apareça (*PP* 289-291). Mas ele também participa dessa natureza em que "sou jogado" (*PP* 398) e que é presente ao mesmo tempo fora dele e nele (*id.*). Assim, ele é não só uma potência impessoal e anônima, mas também "a figura imobilizada da existência" (*PP* 270), ou a "estrutura estabilizada" da existência (*PP* 369); ele é um "espírito cativo" (*PP* 294), em suma, é a diástole ou a instase da existência. E é por meio disso que ele se comunica com o corpo objetivo que é em terceira pessoa.

*** Radicalizando o esforço feito desde a obra de 1945, as últimas notas de trabalho ressaltam que o corpo fenomenal (doravante chamado *carne*) decerto não é nem o corpo objetivo nem "o corpo pensado pela alma", mas também, e sobretudo, que perdemos o sentido próprio do corpo fenomenal ao opô--lo ao corpo objetivo, pois, desse modo, o rebaixamos para o lado do subjetivo e validamos as categorias das quais se trata de escapar. Portanto, melhor é dizer que o corpo é um sensível entre os sensíveis, esclarecendo, porém, que ele é aquele "no qual se faz uma inscrição de todos os outros" (*VI* 313) ou, então, que ele é uma coisa entre as coisas, esclarecendo, porém, que é também, e sobretudo, "no mais alto grau o que toda coisa é: *um isso dimensional*" (*id.*), "um sensível que é dimensional por si próprio, medidor universal" (*id.*).

Deiscência

Fr.: *Déhiscence*

> * Essa noção (que, em botânica, designa habitualmente a abertura de um órgão que atingiu a maturidade), faz parte do dispositivo conceitual que Merleau-Ponty estabelece em seus últimos textos para subtrair o campo transcendental do primado da consciência, da subjetividade ou da imanência. Contra a *Fenomenologia da percepção*, que ainda pensava o transcendental em termos de existência ou de transcendência ativa, os últimos textos pensam o transcendental como o evento da abertura de meu corpo para ele mesmo e para o mundo por fissão e imbricação do corpo vidente e do corpo visível, da massa sensível do corpo vidente e da massa sensível do mundo visível.
>
> ** Pensar nossa relação com o Ser como deiscência é recusar a posição (solidária da ontologia do objeto) segundo a qual toda relação com o ser estaria submetida à alternativa entre ou ser fusão e coincidência, ou então sobrançaria e exterioridade, logo, é pensar a relação do ser vidente com o ser visível como identidade na diferença: distância interior à identidade ou então proximidade interior à diferença. Merleau-Ponty encontra uma antecipação desse pensamento da deiscência em Bergson: gosta de lembrar, contra uma certa compreensão da intuição como fusão, que "Bergson disse explicitamente uma vez, no texto de *O pensamento e o movente* em que fala da consciência procurando ver o tempo e não medi-lo, que há uma consciência que é a um só tempo espontânea e reflexiva" (*VI* 247). Entre a intuição e o tempo que ela intui, não há nem fusão ou coincidência (pois a consciência do tempo é reflexiva), nem exterioridade (pois a consciência do tempo é espontânea e reconhece o tempo como a matéria de seu ser): entre o intuinte e o intuído, "há recobrimento ou imbricação, de sorte que cumpre dizer que tanto as coisas passam em nós como nós dentro das coisas" (*VI* 165).
>
> *** Ao compararmos a *Fenomenologia da percepção* com *O visível e o invisível*, aparece um forte contraste. Na obra de 1945,

a experiência sensível é pensada como acoplamento do senciente [*sentant*] com o sentido [*senti*] (dualidade que se reúne em unidade). Nos trabalhos tardios, a experiência sensível é pensada como deiscência (unidade que explode em dualidade). Merleau-Ponty renunciou a subordinar a experiência a uma discrepância intencional fundamentada na subjetividade e cujo acoplamento seria a um só tempo a transgressão e a confirmação; trata-se, doravante, de pensar a experiência já não como acoplamento, mas, ao inverso, como fissão que faz nascer, um para o outro, o senciente e o sensível sobre o fundo de unidade da carne. Portanto, já não se trata de pensar o "um" sobre o fundo de "dois" (Si/o mundo), mas o "dois" sobre o fundo de "um".

Dialética

Fr.: *Dialectique*

* Merleau-Ponty chama dialética 1/ a vida ou o movimento de um pensamento que exprime o pertencimento recíproco e a passagem, de um para o outro, de termos que o entendimento opõe, tais como o subjetivo e o objetivo, o positivo e o negativo, o finito e o infinito, mas também e indivisivelmente 2/ a vida e o movimento do ser ou do real no pertencimento e na passagem, de um para o outro, de seus momentos opostos: "Uma filosofia dialética = coesão dos opostos, união pela separação, inversão, verdade em vários artigos, logo revogação da ontologia da identidade, logo ideia do ser como aquilo em que as diferenças fazem laço" (nota inédita). Em consequência, "a questão não é de modo algum saber se a dialética está 'nas coisas' ou 'nas consciências'. Ambas as atitudes são antidialéticas. O que é dialético, o único meio da dialética: 'as relações entre pessoas mediadas pelas coisas'" (nota inédita).

** A dialética é a vida, o movimento do *fenômeno*, onde se enlaçam o ser e a experiência do ser. Por isso, ela é "o pensamento em trabalho no ser, em contato com o ser, para o qual abre um espaço de manifestação..." (*VI* 125), ela é um "pensamento de situação" (*VI* 126), "que deve encontrar o ser antes da clivagem reflexiva" (*VI* 130), mas ela é também "o modo de ser do Ser" (*VI* 126): "dialética: o ser admite o negativo nele mesmo" (nota inédita). Nesse movimento, "cada termo só é ele próprio voltando-se para o termo oposto", é "a exigência de um devir e até mesmo de uma autodestruição que produz o outro" (*VI* 124).

A dialética é a recusa não só das oposições da reflexão ou do pensamento de entendimento, mas também da "má dialética", que é o retorno do pensamento de entendimento na própria dialética. A "má dialética" surge quando a consciência é entendida, já não como *incluída na* experiência, mas como *saber da* experiência. Pois, então, em vez de se entregar ao movimento do conteúdo, o pensamento reduz a vida do real a um jogo entre o positivo e o negativo. Ele se faz pensamento de sobrevoo, afirma-se como pura interioridade e reduz o ser fora dele à pura exterioridade. Essa "queda" da dialética é um risco permanente para a filosofia. Pois a filosofia se torna saber da experiência no momento em que se separa da não filosofia ou do pré-reflexivo e abandona o solo da experiência para recolher o sentido dela em síntese ou enunciado. Por isso, a filosofia, cujo elemento vital é a dialética, deve ser uma crítica permanente de si própria. A "hiperdialética" é a dialética devolvida ao seu verdadeiro sentido e que recusa recompor a vida do ser por um conjunto de enunciados ou de posições, negativas e positivas. Ela é "dialética sem síntese".

*** A noção de dialética percorre toda a obra de Merleau--Ponty. É operante desde *A estrutura do comportamento*, pois a "forma" ou "estrutura" designa um tipo de ser, e a percepção, um tipo de consciência, que escapam da oposição entre "coisa" e "ideia" ou entre interioridade e exterioridade; depois, na *Fenomenologia da percepção*, que substitui a oposição (a alternativa) entre naturado e naturante por uma "dialética do naturado e do naturante" (*PP* 56) ou por uma "dialética do tempo constituído e do tempo constituinte" (*PP* 278). Ela só é tematizada no momento em que se enfatiza a recusa de uma filosofia da consciência: ao passar de Hegel a Marx, ao se tornar "material", a dialética fica pesada: "o espírito se faz coisa, e as coisas se saturam de espírito" (*AD* 47). A trama da história é um devir de significações que, por sedimentação, se tornaram forças ou instituições. Dessa dialética imanente à práxis, Sartre "consuma a ruína" (*AD* 134) ao reconstituir a oposição reflexiva entre uma consciência impalpável como o raio e um em si que seria pura coisa e inércia.

Dimensão
Fr.: *Dimension*

* Essa noção tem habitualmente um sentido espacial, que não está ausente da acepção propriamente merleau-pontyana do termo e que torna possível precisar seu teor. Em geometria, "pela passagem a uma 3ª dimensão, seres espaciais separados nas duas primeiras podem ser religados" (*VI* 277). E a profundidade é essa dimensão insigne do espaço em que as coisas se ordenam e se juntam na unidade de um mundo (*VI* 272: "sem ela, não haveria um mundo ou não haveria Ser"). Logo, dir-se-á que uma coisa ou um acontecimento são "dimensionais" contanto que, *para além* da individualidade espaçotemporal, deles irradie um modo de ser (uma essência ativa, um *Wesen*) ou um estilo que os inscreva na unidade de uma experiência típica ou de um mesmo "raio de mundo" (*VI* 293).

** O sensível já é dimensional na mais simples percepção, toda percepção é uma estilização: uma mulher que passa, a batida do salto no chão, "é uma maneira única de variar o acento do ser feminino..." (*PM* 84), e aquele que o escuta recebe *todo* o ser feminino diretamente dessa variação: a particularidade é logo de cara dimensional, não no sentido em que o particular significaria o universal ou seria imanente ao universal, mas no sentido em que ele é extraído do universal e retém em si o universal por suas raízes (*VI* 271). Essa dimensionalidade do visível se amplifica na visão do pintor, que visa "uma certa relação com o ser" (*S* 68) ou mesmo "nossa relação mais última com o ser" (*PM* 85). A cor se torna dimensão ou elemento no momento em que, sem nada perder de sua particularidade, ela se torna uma "cor dominante do campo", "apta a representar todas as coisas", e recebe uma "função ontológica" (*VI* 271). Pense-se em Cézanne evocando o grande azul acobreado que caía sobre sua alma no momento em que pintava a velha com rosário; ou ainda na "anedota do hoteleiro de Cassis": Renoir olhava o mar enquanto pintava o riacho das *Lavadeiras* porque "cada fragmento do mundo – e, em particular, o mar [...] – evoca uma série de variantes possíveis e mostra, além dele mesmo, um modo geral de dizer o ser" (*S* 69-70). A dimensionalidade é "essa propriedade primordial que a carne tem de, estando aqui e agora, irradiar por toda parte e para sempre, de, sendo indivíduo, também ser dimensão e universal" (*VI* 188). Logo, ela pertence indivisivelmente ao sentido de ser do corpo que percebe e fala ("temos, com nosso corpo, nossos sentidos, nosso olhar, nossa capacidade de entender a fala e de falar, *mensuradores* para o Ser, dimensões a que podemos remetê-lo...", *VI* 140; ver também *VI* 154) e ao sentido de ser do mundo: "o 'Mundo' é esse conjunto em que cada 'parte', quando a tomamos por si mesma, abre de súbito dimensões ilimitadas – torna-se *parte total*" (*VI* 271).

*** Contra a divisão metafísica entre o sensível e o inteligível ou entre o fato e a essência, a dimensionalidade esboça uma compreensão não subjetivista do pensamento, e é por isso que Merleau-Ponty propõe "substituir as noções de conceito, ideia, espírito, representação pelas noções de *dimensões*, articulação, nível, charneiras, pivôs, configuração..." (*VI* 277).

Diplopia
Fr.: *Diplopie*

* Por esse termo, emprestado de Maurice Blondel (*CN* 179), Merleau-Ponty designa uma espécie de divisão da ontologia ocidental entre duas posturas não redutíveis à unidade, que inclusive se excluem entre si, mas são identicamente necessárias, de tal modo que o pensamento fica infindavelmente metido num jogo de báscula ou de vaivém. A tarefa da filosofia não é se deixar captar por ele ou tentar superá-lo, mas pensá-lo como uma situação fundamental da filosofia, "... em que a única possibilidade é tomar posse dele todo, como o olhar toma posse das imagens monoculares para delas fazer uma única visão [...]" (*RC* 127).

** Essa noção aparece desde a *Fenomenologia da percepção*, no momento em que o autor evoca "uma filosofia de dupla entrada, notável em toda doutrina do entendimento" (*PP* 51), que opõe o sujeito como naturante, constituinte ou "princípio do mundo" e o sujeito como naturado, constituído ou "parte do mundo", ou então um polo "dogmático" e um polo "cético" da filosofia (*PP* 455), e que é superada pela dialética do tempo constituinte e do tempo constituído. Depois de 1945, já não se trata tanto de superar a diplopia, e sim de "reconhecê-la" e "pensá-la" (*RC* 127), tal como Descartes, segundo os cursos do Collège de France, tentou fazer: liberando o pensamento do jogo de báscula entre uma filosofia da essência (o dualismo substancialista) e uma filosofia da existência (a união da alma e do corpo), ele esboça uma ontologia não separada, uma filosofia que já não seria a oposição entre a reflexão e o irrefletido (ou entre a filosofia e a não filosofia), mas passagem de uma para a outra e dupla inversão.

*** As noções fundamentais da última filosofia de Merleau-Ponty, quiasma, reversibilidade, "dialética sem síntese", são outras tantas tentativas de remontar à origem ontológica da diplopia da filosofia (a carne como vidente-visível), em vez de ficar fechada nela forçando um dos opostos a se dobrar ao outro.

Elemento

Fr.: *Élément*

* Retomada da filosofia iônica, a noção de elemento qualifica o sentido de ser da carne: "A carne não é matéria, não é espírito, não é substância. Para designá-la, precisaríamos do velho termo de 'elemento' no sentido em que era empregado para falar da água, do ar, da terra e do fogo..." (*VI* 184). Não sendo qualificável nem como fato, nem como essência, nem como individual, nem como universal, nem como espírito, nem como matéria, o elemento designa uma generalidade concreta (*VI* 194) que escapa das alternativas oriundas da divisão metafísica entre sensível e suprassensível.

** Os elementos são "coisas que são dimensões, que são mundos" (*VI* 271). Têm, portanto, uma particularidade, mas uma particularidade universal ou dimensional, representativa do todo, *pars totalis*; são "emblema concreto de um modo de ser geral" (*VI* 194); escapam, pois, da divisão entre a individualidade e a generalidade e são um "vínculo secreto" entre as coisas que eles situam num mesmo raio de mundo. Os elementos formam o nó das associações do sonho. Num sonho do "homem dos lobos" aparece uma borboleta com listras amarelas que é associada a peras com listras amarelas, cujo nome lembra, em russo, *Gruscha*, o nome de uma jovem empregada. Merleau-Ponty comenta: "Não há ali três lembranças: a borboleta – a pera – a empregada (de mesmo nome) associadas. Há um certo jogo da borboleta no campo colorido, um certo *Wesen* da borboleta e da pera, que se comunica com o *Wesen* linguageiro *Gruscha* (em virtude da força de encarnação da linguagem). Há três *Wesen* ligados por seu centro, pertencentes ao mesmo raio de ser" (*VI* 294). Esses três *Wesen* [seres, no sentido ativo] estão unidos por seu pertencimento a uma mesma dimensão "elementar".

*** Contra uma ontologia "objetivista", que reduz a coisa a um "quadro visual", a noção de elemento permite apreender uma presença da coisa que seria reserva ou transcendência. Inscreve-se, também, no projeto de ontologia indireta de Merleau-Ponty: na esteira de Whitehead, para quem cada coisa é uma "concrescência" do universo, ela permite pensar o ser da natureza escapando da oposição entre individual e universal.

Escapo

Fr.: *Échappement*

* Essa noção designa, na *Fenomenologia da percepção*, a operação pela qual o homem dá um sentido novo a uma situação recebida, natural ou histórica, e, assim, transforma-a inventando um futuro: "Tudo aquilo que somos, nós o somos sobre a base de uma situação de fato que fazemos nossa e que transformamos sem cessar por uma espécie de escapo que nunca é uma liberdade incondicionada" (*PP* 199). O escapo depende de uma "potência aberta e indefinida de significar" que é um "fato derradeiro" (*PP* 226) e que entra na definição do homem (*PP* 221).

** O escapo exprime a "produtividade" (*PP* 229) humana, isto é, a capacidade de criar sentido, seja dando um sentido ao que ainda não tinha um, seja passando de um sentido primeiro para um sentido segundo ou figurado por "gênio do equívoco" (*PP* 221). Dele depende a invenção de sentido mediante a qual a evidência sensível passa para a geometria como evidência racional, ou bem aquela mediante a qual a função sexual se torna a conduta do amor ou um aperto na garganta se torna uma expressão simbólica. O escapo é uma "transcendência" que conserva em si o que ultrapassa e sempre pode a ele voltar por regressão. Por isso, todo fenômeno humano carrega a dupla marca da natureza e da história: o homem fica "enraizado na natureza no momento em que a transforma pela cultura" (*PP* 231). Por isso é que uma alteração do corpo objetivo também lesa necessariamente as dimensões propriamente humanas e históricas da existência: a afasia de Schn. "não é em primeiro lugar metafísica, foi uma explosão de obus que o feriu na região occipital [...]. Nele, o espírito foi atingido pela visão" (*PP* 146).

*** Embora essa noção já não seja aplicada depois de 1945, ela inspira a compreensão merleau-pontyana das relações entre as ordens do real, que são ordens de sentido. Se o vivente não é redutível à físico-química, não é no sentido de que interviria uma segunda causalidade ("Não há diferenças substanciais entre natureza física, vida, espírito", *CN* 275), é porque ele é também "fenômeno – invólucro" ou "aparência de conjunto", ou "arquitetônica" (*CN* 268), que é como um sentido novo, emergente, insinuando-se entre os acontecimentos parcelares.

Espaço

Fr.: *Espace*

* O corpo fenomenal é espacial não no sentido de que o corpo objetivo é "no" espaço, mas no sentido de que "nosso encontro primordial com o ser" é de início "situado" e "orientado" (*PP* 291), como mostram os fenômenos de "profundidade" ou de "distância vivida". A profundidade pode ser entendida como *qualquer* uma das três dimensões do espaço euclidiano[1]: o que é profundidade para mim será largura para uma testemunha cujo olhar esteja orientado perpendicularmente ao meu. Mas essa "falsa" profundidade identificada com a largura é segunda: ela supõe uma percepção "sobranceira", que recusa sua imanência ao visível e se idealiza em conceito. A verdadeira profundidade é dada a uma percepção viva que habita o espaço e ela "anuncia um certo vínculo indissolúvel entre as coisas e mim" (*PP* 296). Assim também, aquém da "distância física ou geométrica que existe entre mim e todas as coisas", há uma "distância vivida que me liga às coisas que contam e existem para mim" (*PP* 331).

** Na *Fenomenologia da percepção*, Merleau-Ponty distingue o espaço existencial, antropológico ou vivido, que é também o espaço da noite ou o espaço do mito, e o espaço "natural" ou o espaço claro da percepção (*PP* 332), que se torna, por idealização geométrica, o espaço "verdadeiro, único e objetivo" (*PP* 335). Cada um é para o outro fundante e fundado. O espaço existencial funda o espaço "natural" e o espaço "verdadeiro, único e objetivo", no sentido em que o primeiro é "a espacialidade geral em que o espaço claro e os objetos observáveis estão incrustados" (*PP* 328). Inversamente, porém, o espaço "verdadeiro, único e objetivo" – o espaço idealizado pela geometria – é o fundamento racional do espaço existencial numa teleologia do sentido, e o espaço "natural" da percepção é a trama permanente do espaço existencial. Mas, apesar dessa fundação cruzada, a última palavra é da objetividade, que é ao mesmo tempo o solo de toda espacialidade e o sentido verdadeiro da espacialidade (o espaço geometrizado). E o espaço existencial, o espaço de envolvimento, "a vertiginosa proximidade do objeto, a solidariedade entre o homem e o mundo" (*PP* 337) têm um estatuto indeciso. Nos últimos trabalhos, o espaço de envolvimento ou de imbricação adota uma significação ontológica e já não antropológica ou existencial. E, correlativamente, o espaço dito natural perde seu privilégio inicial: ele se inscreve no movimento da arte e da ciência clássicas que surgem no *Quattrocento* ao mesmo tempo que é uma condição da ontogênese ou da estabilização das coisas (*VI* 266).

*** As concepções de Merleau-Ponty sobre o espaço foram marcadas pela leitura de *Ser e tempo*, de Heidegger, pelo encontro com ensaios sobre a perspectiva e o espaço pictórico (Panofsky, Francastel), mas, sobretudo, pelo diálogo com o pintor. A evolução delas acompanha a virada "ontológica" do último pensamento de Merleau-Ponty.

1. Como nos *Princípios da filosofia* de Descartes, em que "a extensão em comprimento, largura e profundidade constitui a natureza da substância corporal" (I, 53).

Espírito
Fr.: *Esprit*

* O espírito designa em Merleau-Ponty um poder de criação de sentido que já age na natureza, mas que, no homem, se *distingue* da natureza (sem nunca dela se destacar) no momento em que a percepção faz o tempo natural virar tempo histórico (*PP* 277) inaugurando o espaço da liberdade e da historicidade.

** Na *Fenomenologia da percepção*, a noção de espírito é empregada em ligação diacrítica com as noções de natureza ou de corpo. Enquanto a natureza designa, no homem, a existência como dada a si mesma pelo nascimento e indica, assim, um polo de passividade ou de sono, o espírito, também chamado "estrutura metafísica do corpo", designa uma produtividade, uma criação de sentido, um poder de escapo, uma liberdade pela qual a existência se transcende e se inventa a si própria (ver *Escapo*). A partir de 1947, a noção de espírito se inflecte (devido a uma reflexão sobre a linguagem inspirada na linguística estrutural) e se aproxima do que Hegel chamava "espírito comum". Em cada língua há um "espírito geral que todos constituem por sua vida comum" ("um tema, um projeto fundamental" (*SNS* 108), "uma maneira de visar o tempo característica do grego ou do latim"), que solicita os sujeitos falantes ao mesmo tempo que permanece aberto às suas iniciativas. Nos últimos trabalhos, esses dois sentidos se combinam. Por um lado, o espírito é o "invisível de idealidade" (*CN* 290) do qual o corpo é a linguagem e que, sem esse corpo, seria como o "espírito de Deus flutuando sobre as águas" antes da criação (*id*.); e, por outro, ele é "sistema diacrítico intersubjetivo" (*VI* 229), isto é, a imbricação dos sujeitos falantes na comunidade de uma língua e de uma história.

*** A crítica da consciência ou da relação sujeito-objeto determina a originalidade da concepção merleau-pontyana do espírito nos últimos textos. Pensar o espírito como "espírito subjetivo", como faz Sartre, é desconsiderar a "mundanidade" (*Weltlichkeit*) do espírito, sua encarnação ou sua instituição. Mas pensar o espírito como espírito objetivo (ou pensar que o espírito objetivo é a verdade do espírito subjetivo), como Hegel, é desconsiderar "o desnível entre os *Ego*" (*VI* 228), a dialética interna à intersubjetividade, em suma, a vida do espírito.

Essência

Fr.: *Essence*

* Segundo a *Fenomenologia da percepção*, a filosofia nasce de uma dupla redução, transcendental e eidética: a redução eidética, a procura de essências que ordenem nossa experiência é necessária na medida em que nossa existência "precisa do campo da idealidade para conhecer e conquistar sua facticidade" (*PP* IX). Essas essências não são separadas, não são significações linguísticas, são "o que *querem dizer* as coisas", são a própria experiência, conduzida "à expressão pura de seu próprio sentido" (*PP* X). Nos últimos textos, Merleau-Ponty radicaliza essa subordinação da essência à experiência interrogando-se sobre a própria possibilidade de reduzir uma experiência a sua essência (ou de separar um invariante positivo da variação que o manifesta). O que então é contestado é "a bifurcação da essência e do fato" (*VI* 151). Contra essa divisão, Merleau-Ponty elabora os conceitos de "essência ativa", de "essência carnal" ou de "essência selvagem": a essência é a armação do visível, invisível e inseparável de sua visibilidade.

** A intenção de Merleau-Ponty não é contestar o conceito de essência como tal: a variação eidética é constitutiva de todo trabalho científico enquanto cotejo da experiência consigo mesma ou "trabalho da experiência sobre a experiência" (*VI* 157, nota). Ele critica a pretensão de separar a experiência ou a variação e a essência ou o invariante, pois essa separação acaba por opor o fato como individualidade espaçotemporal *positiva* na *existência* e a essência como universal *positivo* no *pensamento* ou, o que é o mesmo, no Céu das Ideias. Todo fato é internamente estruturado ou armado por uma essência selvagem que é a regra invisível tanto de sua visibilidade como de sua generalidade (ou de seu sentido): "Os pretensos fatos, os indivíduos espaçotemporais são de repente montados nos eixos, nos pivôs, nas dimensões, na generalidade de meu corpo" (*VI* 154) e por isso o fato não pode se encerrar na positividade de uma "geleira de ser insecável" (*id.*) ou puro "ser em si". E, inversamente, toda essência é o sentido de ser de um "isso" do qual ela é a "irradiação", o ser ativo. Por essa razão, a essência não é nem um conceito cuja lei de construção o espírito possuiria soberanamente: toda essência é aderente à carne do mundo cuja inesgotável profundidade ela compartilha, nem um "inteligível em si", que precede o trabalho de expressão. A essência não é independente da operação da fala e, contudo, a essência pertence ao Ser: a "fala falante" não possui a significação, é possuída por ela ou fala segundo ela, ela se põe à escuta da essência que, contudo, só se levanta no corpo sutil da linguagem. Por isso o pensamento fecundo que torna visível a essência selvagem depende de um uso "desviante" da língua. A essência selvagem é uma alteração das discrepâncias regradas da "fala falada", ela desequilibra a língua comum, invoca uma língua a reinventar ou uma paisagem do mundo a recompor, e essa exigência de invenção ou de recuperação constitui sua profundidade.

*** Esse novo conceito da essência está ligado a uma concepção da filosofia como ontologia não separada: "esse Ser pré-objetivo, entre a essência inerte ou a quididade e o indivíduo localizado num ponto do espaço-tempo, é que é o tema próprio da filosofia" (*RC* 154). Reconhece-se aqui uma proximidade com Heidegger, mas com uma notável diferença: a essência selvagem depende de uma ontologia indireta que só pode pensar o Ser através da diversidade dos seres.

Estrutura ou forma (*Gestalt*)
Fr.: *Structure ou forme*

* A noção de estrutura, oriunda da teoria da forma (*Gestalttheorie*), dos trabalhos de Goldstein (*A estrutura do organismo*) e da linguística estrutural, e "cuja fortuna responde, hoje, em todos os campos, a uma necessidade do espírito" (*S* 155), introduz, segundo Merleau-Ponty, um novo "regime de pensamento" porque "indica um caminho fora da correlação sujeito-objeto que domina a filosofia, de Descartes a Hegel" (*id.*). De fato, o conceito de estrutura recoloca em questão a alternativa clássica entre a existência como coisa ou pura exterioridade e a existência como consciência ou pura interioridade.

** Segundo *A estrutura do comportamento*, "existe forma sempre que as propriedades de um sistema se modificarem para cada mudança ocorrida em uma única de suas partes e se conservarem, ao contrário, quando todas elas se modificarem mas conservarem entre elas a mesma relação" (58-59). A forma é, portanto, um todo que excede suas partes consideradas distributivamente e que, no entanto, não é senão sua disposição global. A forma não é uma coisa, uma realidade física (*SC* 193), um ser de natureza espalhado no espaço, um "ser em si"; é próprio de seu sentido de ser existir *para* uma consciência: o organismo "é um conjunto significativo para uma consciência que o conhece" (*SC* 215); ela participa da ideia, no sentido em que um significado nela se realiza; mas ela não é uma ideia (*VI* 258), no sentido do noema de uma consciência puramente intelectual, ela é um significado sensível ou percebido (*SC*

193). O interesse epistemológico e filosófico do conceito de estrutura está em fazer aparecer que o real é feito de idealidade: a vida aparece no momento em que "um pedaço de extensão" se põe "a exprimir alguma coisa e a manifestar fora um ser interior" (*SC* 218) *para* uma consciência que recolhe essa expressão e essa manifestação: "o que designamos pelo nome de vida já era a consciência da vida" (*id.*).

*** Assim, por meio do conceito de estrutura, Merleau-Ponty pode pensar a diferença entre as ordens do ser como diferenças de sentido, tipos de estrutura, níveis de integração, sem fazer intervir uma nova ordem de causalidade. Nenhuma causalidade "vitalista" se superpõe aos processos físico-químicos microscópicos do organismo e, no entanto, o vivo não se reduz à físico-química: a originalidade de seu ser é a de um sentido de ser que só aparece no nível macroscópico: o organismo é "fenômeno-envelope, tem um aspecto de conjunto" (*CN* 268). Identicamente, "a *Gestalt* detém a chave do problema do espírito" (*VI* 246).

Experiência

Fr.: *Expérience*

* A experiência é um dos nomes do "fenômeno originário", a abertura do mundo, "o contato inocente com o mundo" (*PP* I), que a fenomenologia procura "despertar" (*PP* III), aquém das construções e das idealizações da ciência, para reativar, criticar, retificar, refundar as significações fundamentais que, transmitidas ao longo da história, regem nossa inteligência do ser e mesmo o acesso a nosso próprio ser. Nesse sentido, a experiência é a instância em que se decide toda verdade: "portanto, à experiência é que cabe o poder ontológico último" (*VI* 148). Mas, se ela é a origem de todo ser e de toda verdade, nem por isso é imediata, tem de ser reconquistada "por um trabalho comparável ao do arqueólogo", pois "está enterrada sob os sedimentos dos conhecimentos posteriores" (*LMG* 403).

** Na obra de 1945, percepção e experiência são estreitamente solidárias no sentido de que o conceito de percepção tematiza essa abertura do mundo que o termo experiência nomeia de preferência de modo operatório e crítico. Em *O visível e o invisível*, o fenômeno originário é designado como experiência e já não como percepção. Logo, as duas perspectivas são muito diferentes. Em 1945, Merleau-Ponty ainda afirma que toda experiência depende do *cogito* e se inscreve de início na discrepância intencional entre *cogito* e *cogitatum*; logo, a preocupação dele é fazer valer a originalidade da percepção designando-a como comunhão ou acoplamento (*PP* 370). Em contraposição, no final dos anos 1950, a experiência já não é entendida como dependente por essência de uma discrepância intencional, ela é uma "fissão" ou uma "deiscência" no tecido do mundo, e a preocupação de Merleau-Ponty, invertendo a orientação de 1945, é mostrar que essa fissão que faz nascer, um para o outro, o vidente e o visível, longe de nos separar da coisa, ao contrário nos abre para ela: "é preciso, então, que a discrepância, sem a qual a experiência da coisa ou do passado iria a zero, também seja abertura para a própria coisa, para o próprio passado..." (*VI* 166). Além disso, contrariamente à percepção que era entendida como a base de toda idealidade, sem, contudo, ser ela mesma tecida de idealidade, a experiência é pensada como *lógos endiathetos*, *lógos* interior ao ser: "do mesmo modo que a nervura sustém a folha por dentro, do fundo de sua carne, as ideias são a textura da experiência, seu estilo, primeiro mudo, em seguida proferido" (*VI* 159).

** O que caracteriza a experiência em seu sentido original é que ela é sempre uma dupla prova ou uma prova reversível; na visão, o vidente prova o visível, mas é ao mesmo tempo provado ou posto à prova pelo visível e é impossível palpar sem se expor a ser palpado: é da essência da experiência ser "toda fora de si própria" (*VI* 180). A experiência é um dos nomes dessa reversibilidade que vai de encontro à percepção, que designaria, antes, uma postura em que o homem já está sobranceiro, em que "os objetos mantêm sua distância" e "só o tocam com respeito" (*PP* 327).

Expressão

Fr.: *Expression*

* A expressão designa uma estrutura ontológica encontrada na fala, mas também no corpo vivo, na obra de arte, na coisa percebida, e que consiste na passagem mútua de um interior para o exterior e de um exterior para o interior ou no movimento mútuo de sair de si e de entrar em si. A categoria de expressão recolhe a herança metafísica da separação entre interioridade e exterioridade e mostra seu caráter abstrato: só há sentido expresso ou encarnado em um corpo, e só há corpo, corpo de coisa, corpo vivo ou corpo verbal animado de um sentido ou prenhe de um significado.

** O "milagre da expressão" ou o "mistério da expressão" resume-se assim: "um interior que se revela no exterior, uma significação que irrompe no mundo e aí se põe a existir..." (*PP* 369). Esse significado encarnado é, em primeiro lugar, o corpo humano que "não é somente um espaço expressivo entre todos os outros", mas "a própria origem de todos os outros, o próprio movimento de expressão" (*PP* 171), ou então, "uma capacidade natural de expressão" (*PP* 211), "uma operação primordial de significação em que o exprimido não existe separado da expressão" (*PP* 193), "o lugar ou, melhor dizendo, a própria atualidade do fenômeno de expressão" (*PP* 271). E essa capacidade passa do corpo humano para os outros corpos por contiguidade ontológica: nosso corpo faz os significados existirem como coisas e as coisas como significados: "essa revelação de um sentido imanente ou nascente no corpo vivo estende-se [...] a todo o mundo sensível, e nosso olhar, instruído pela experiência do corpo próprio, reencontrará em todos os outros 'objetos' o milagre da expressão" (*PP* 230). Vê-se, pois, que em 1945 a expressão depende de uma estrutura *metafísica* do corpo humano que é uma potência aberta e indefinida de significar. A partir do artigo sobre *A linguagem indireta e as vozes do silêncio* (1952), o problema da expressão se afasta da estrutura metafísica do corpo e, sob a influência da linguística, passa para a jurisdição da estrutura diacrítica da significação. Por fim, nos últimos textos esboça-se uma ontologia da expressão: o fenômeno de expressão já não é entendido a partir da categoria de significação, mas a partir da reversibilidade do vidente e do visível. É quando a expressão é entendida como uma potência ontológica da natureza e da vida: "Pode perfeitamente ser que a vida não esteja submetida unicamente ao princípio de utilidade e que haja uma morfogênese que visse à expressão" (*CN* 240).

*** Vê-se, pois, que, com base em um núcleo de senso comum que seria a recusa da separação do interior (o pensamento) e do exterior (o corpo, a extensão), o conceito de expressão é um dos melhores testemunhos do percurso que conduz Merleau-Ponty da *Fenomenologia da percepção* à ontologia dos últimos textos, em que a expressão fica totalmente liberta da categoria de subjetividade.

Facticidade

Fr.: *Facticité*

* A noção de facticidade reúne em Merleau-Ponty uma tripla herança: a de Kant, que distingue a questão de fato da questão de direito (*PP* 255), a de Husserl, que distingue o fato e a essência (*S* 128 ss.), e a de Heidegger, que pensa a facticidade como uma estrutura existencial do *Dasein*, e depois de Sartre.

Reconhecer a facticidade do mundo (*PP* XII) é reconhecer que a percepção é "um brotar imotivado do mundo" (*PP* VIII), que não pode ser explicado racionalmente, pois toda busca de razões "supõe a fé perceptiva e não a esclarece" (*VI* 31). Também o *cogito* está inscrito na facticidade (*PP* XII), na medida em que formula a existência de uma "natureza pensante" dada a si própria antes de conhecer algo de sua "possibilidade". Um pensamento sobre a facticidade dá precedência ao real em relação ao possível ou ao necessário, que são modalidades do ser derivadas: "o mundo é o real do qual o necessário e o possível são apenas províncias" (*PP* 456). Identicamente, "há na atualidade da fala uma luz que não se encontra em nenhuma expressão simplesmente 'possível'" (*S* 131). Essa primazia do fato sobre a razão nem por isso exclui uma relação complexa de fundação entre ambos os termos: "a relação entre razão e fato [...] é essa relação de mão dupla que a fenomenologia denominou *Fundierung*..." (*PP* 451). A facticidade está aberta para a razão não no sentido de que ela sempre já estaria justificada por uma razão suficiente que a precederia no ser, mas no sentido de que ela é a base de toda criação de razão e de sentido. O fato também pode aparecer como aquilo de que o Espírito necessitava "não só para se encarnar, mas também para ser" (*PP* 147) e se torna um "fato-valor".

** Ao sublinhar a facticidade do mundo e do *cogito*, Merleau-Ponty se opõe ao idealismo transcendental que julga o que é pelo que deve ser, reduz o fenômeno originário do mundo às condições de possibilidade da experiência e o *cogito* a uma "consciência constituinte universal". E pretende se inscrever na continuidade da fenomenologia que "estuda o aparecimento do ser na consciência em vez de supor sua possibilidade dada de antemão" (*PP* 74). Mas essa recusa da primazia do possível não exclui a mediação da essência: muito pelo contrário, "nossa existência [...] necessita do campo da idealidade para conhecer e conquistar sua facticidade" (*PP* IX). Em *O visível e o invisível*, as relações entre "fato" e "essência" se inflectem. A essência já não é uma condição subjetiva da inteligibilidade do fato, ela é sua armação imanente, sua idealidade carnal. A carne nomeia, assim, um sentido de ser que é "facticidade e idealidade indivisas" (*VI* 157), "não fato ou soma de fatos" (*VI* 184), fato *empírico*, mas "inauguração do *onde* e do *quando*, possibilidade e exigência do fato, numa palavra, facticidade, o que faz que o fato seja fato" (*VI* 184), fato *transcendental*.

*** À diferença de Sartre, Merleau-Ponty não concebe a facticidade como contingência. Identificar a facticidade com a contingência seria a um só tempo ignorar a plenitude insuperável do real, que não "carece" de razão de ser, pois que toda razão de ser dele deriva, e ignorar a presença, em toda situação de fato, de significações operantes que, sem serem constituídas por uma consciência, são, por sua produtividade, promessa de sentido e de razão.

Fala falante / fala falada
Fr.: *Parole parlante / parole parlée*

* Merleau-Ponty chama "fala falante" (*PP* 229) ou "conquistadora" (*PM* 196) uma fala que, ultrapassando o universo dos significados sedimentados e animada por uma intenção significativa "em estado nascente", tenta "pôr em palavras um certo silêncio" (*VI* 166) que a precede e envolve. Por contraste, a "linguagem decaída" (*NC* 126) ou a "fala falada" (*PP* 229) é a consequência da invenção do sentido no mundo cultural dos significados comuns disponíveis. Essa consequência não deve ser entendida como um empobrecimento: ela é o momento de sedimentação própria da vida da instituição (ver *Fundação*).

** Ao longo de toda a sua reflexão sobre a linguagem, Merleau-Ponty se perguntou como pode realmente haver comunicação entre os seres humanos, isto é, uma situação em que as palavras trocadas não sejam apenas uma revivescência de significados que cada qual já possuiria, mas invenção comum de sentido e de verdade, ou seja, um verdadeiro diálogo (*PM* 197). As *Notas de curso* esboçam a resposta: "É preciso: 1) que o sentido nunca seja estrangeiro, puramente recebido, entende-se a partir do que se tem; 2) que não seja posto em palavras por atos, sem o que não haveria ganho" (*NC* 126-127). Trata-se, pois, de ir além da alternativa entre atividade e passividade: quem fala não possui a significação do que diz, esta não se apresenta a ele em visão frontal: "a significação anima a fala assim como o mundo anima meu corpo: por uma surda presença que desperta minhas intenções sem se expor diante delas" (*S* 112). Simetricamente, do lado de quem escuta, a compreensão depende de uma impregnação postural ou de um investimento de si pela fala de outrem" ("... o sentido da palavra que digo a alguém 'cai-lhe em cima', *toma-o* antes de ele ter compreendido, arranca-lhe a resposta" – *VI* 290). Falar-

-se-á, portanto, de uma dimensão diacrítica da invenção do sentido e do diálogo: "Um diálogo: são palavras que convocam as palavras, minhas respostas são convocadas pelas lacunas do discurso que dirigem a mim, a frase que ouço e 'entendo', eu a entendo porque ela vem preencher um certo vazio de minha própria vida. Distância e discrepância e 'diferença de significado'" (nota inédita). E observe-se que essas "lacunas" não têm um significado psicológico, não são uma falta no outro ou em mim, são, antes, "esse oco que o Ser verbal arranja nele mesmo" quando se deslocam as discrepâncias de significado. E Merleau-Ponty precisa: "Entenda-se bem que esse oco não é *geschaffen* [criado] pelo exercício da fala: ao contrário, é o exercício da fala que se torna possível pelo nascimento, no âmago do ser dito objetivo, dessas zonas de vazio, como na água que começa a ferver" (nota inédita).

*** Fala falante e fala falada distinguem-se, pois, por sua relação com o silêncio. A fala falada obtura o silêncio do Ser bruto que ela substitui por sua volubilidade, ao passo que a fala falante cresce na proximidade do silêncio e reconduz a fala ao silêncio: "são as próprias coisas, do fundo de seu silêncio, que ela quer conduzir à expressão" (*VI* 18).

Fenomenologia

Fr.: *Phénoménologie*

* Merleau-Ponty inscreve seu projeto filosófico no âmbito da fenomenologia husserliana, cujo "esforço todo consiste em reencontrar [nosso] contato ingênuo com o mundo, para dar-lhe enfim um estatuto filosófico" (*PP* I), e que, querendo "apreender o sentido do mundo e da história em estado nascente" (*PP* XVI), deve tirar do jogo tanto "o universo da ciência" (pois ele "é construído sobre o mundo vivido" e é apenas uma expressão secundária dele – *PP* III) como a análise reflexiva (pois, em vez de fazer um relatório de nossa experiência do mundo, ela se exaure buscando as condições de possibilidade da objetividade científica). Desde a *Fenomenologia da percepção* aparece, contudo, uma consciência viva das tensões internas ao empreendimento husserliano, em particular a tensão entre a reflexão como retorno ao mundo da vida e a reflexão como constituição universal (*PP* 419, nota). A relação crítica com Husserl se precisa nos últimos trabalhos, em que se afirma que a fenomenologia compartilha certos pressupostos fundamentais da filosofia reflexiva: a "redução da abertura para o mundo aos atos espirituais" (*VI* 62), a transformação da "abertura para o mundo em consentimento de si a si, [da] instituição do mundo em idealidade do mundo, [da] fé perceptiva em atos ou atitudes de um sujeito que não participa do mundo" (*VI* 76).

** A fenomenologia realiza uma redução ("transcendental") que suspende o "preconceito do mundo" e dá acesso ao acontecimento pré-empírico da abertura do mundo. Mas, para Merleau-Ponty, a prática da redução tem de manter a consciência de seus limites: o "fato" e o "transcendental" não podem ser separados radicalmente. Essa interrogação sobre os limites da redução vem do próprio Husserl, cujos últimos textos Merleau-Ponty meditou, em particular a *Krisis*. Se o retorno ao mundo da vida é necessário como prévio ao trabalho de constituição universal, é porque esse retorno não é simplesmente uma etapa que seria em seguida ultrapassada, mas um momento permanente: o sujeito filosofante não é uma "consciência constituinte transparente", mas uma existência dada a si própria, que pode decerto explicitar essa doação a si no tecido do mundo, mas sem jamais igualá-la a uma soberana autodoação (*S* 133-134). Assim, a atitude natural e a atitude transcendental imbricam-se uma na outra. Além disso, a partir do momento em que a subjetividade transcendental é entendida como intersubjetividade, já não se pode separar rigorosamente o transcendental do empírico: com o outro, "é tudo o que o outro quer de mim, é toda a minha facticidade que se acha reintegrada à subjetividade ou ao menos posta como um elemento indispensável de sua definição" (*S* 134). Portanto, o transcendental não é um *ego* ou um sujeito, mas um campo: enquanto o sujeito transcendental paira sobre o objeto que ele constitui, "quem pensa o campo faz parte dele" (*CN* 56).

*** Portanto, a fecundidade da fenomenologia nunca é tão grande quanto nos seus limites, no que ela abriga como seu impensado: "cumpria levar até o fim o retrato de um mundo sábio que a filosofia clássica nos deixou – para revelar todo o resto" (*S* 227), o Ser bruto ou selvagem que, igualmente distante do Em si do objetivismo quanto do noema fenomenológico, escapa a qualquer constituição. Merleau-Ponty conduz, assim, a fenomenologia para esse limite em que ela se ultrapassa na direção de uma nova ontologia, mas esse além da fenomenologia marca antes sua grandeza que seu fracasso.

Filosofia
Fr.: *Philosophie*

* Segundo Merleau-Ponty, a filosofia atual não pode nem se propor, como o grande racionalismo clássico, coincidir com um absoluto de ser ou de positividade mediante a ideia verdadeira, nem aceitar negar-se a si própria num relativismo destruidor da verdade. Ela se propõe pensar o advento da luz natural ou da verdade no horizonte da finitude ou da facticidade. O que para nós é irredutivelmente primeiro são os fenômenos ou "as leis de nosso pensamento e nossas evidências" (*PP* 454) que são mesmo da ordem do "fato", mas no sentido de um "fato universal" ou um "fato-valor": embora todo ser que possa ter sentido para nós, mesmo o ser do Absoluto, se inscreva na ordem do fenômeno, este não pode ser relativizado com relação ao Absoluto: o corpo que percebe (*CN* 108) ou então o "sujeito encarnado" (*CN* 151), ou então a linguagem (*CN* 122) são como "um absoluto no relativo".

** Segundo a *Fenomenologia da percepção*, a filosofia é um retorno ao mundo de antes do conhecimento, ao espaço da paisagem, que precede toda geografia. Mas ela nem por isso é uma fusão com o imediato; seu projeto é elevar a experiência à expressão de seu próprio sentido, recuperar "esse mundo inacabado para tentar totalizá-lo e pensá-lo" (*PP* XV). Portanto, ela é uma reflexão, mas uma reflexão radical, que também deve "refletir sobre essa reflexão" (*PP* 75), que mantém a "consciência de sua própria dependência em relação a uma vida irrefletida que é sua situação inicial, constante e final" (*PP* IX), que não foge do mundo, mas "faz parte" dele (*PP* XV), e que nem mesmo tem outra função senão devolver-nos ao mundo, ensinando-nos apenas, diante das coisas e das situações históricas, a "vê-las bem" (*PP* 520). Se a filosofia pode se tornar "um saber absoluto e deixar de ser uma especialidade ou uma técnica" (*PP* 75), é com a condição "de que ela se realize destruindo-se como filosofia separada" (*PP* 520).

Os textos mais tardios radicalizam essa ideia. A filosofia, como reflexão radical, não pode ser "criação (*Gebilde*) repousando sobre si mesma" (*VI* 227): enquanto "expressão do que é antes da expressão" ou da "experiência muda por si" (*VI* 221), ou do mundo da vida, "'Ser falante em nós'", ela "nega a si própria como pura criação" (*VI* 227), "sabe-se *Gebilde* e quer se ultrapassar como pura *Gebilde*, reencontrar a sua origem" (*VI* 250), e, assim, ela é "reconversão do silêncio e da fala um no outro" (*VI* 171). A filosofia só pode realizar esse projeto renunciando a ser tese ou positividade: ela é uma interrogação radical que se volta sobre si mesma (*VI* 160), que não é "a simples espera de uma significação que viria preenchê-la" (*VI* 160) –, pois isso faria da filosofia uma positividade ou uma criação separada –, mas que é nossa "relação última com o Ser" (*VI* 162). Pode-se também dizer que a tarefa constante da filosofia consiste em pensar sua relação com a não filosofia. E se hoje há uma crise (*NC* 46) ou mesmo "uma ruína da filosofia" (*VI* 236), no sentido da "filosofia expressa, oficial" (*NC* 39), essa crise é também a exigência de uma "ontologia não separada": a verdadeira filosofia sabe permanecer na proximidade da não filosofia, que não é uma negação ou um esquecimento da filosofia, mas, antes, uma filosofia "operante", não tematizada, interior à obra em andamento: o sobrevoo é perigoso para o pensamento.

*** Vê-se, portanto, que, apesar dos deslocamentos, a *Fenomenologia da percepção* e os últimos textos compartilham a exigência de aliar filosofia e não filosofia. A obra de 1945 é uma lenta subida de volta para o lugar onde se enodam originariamente a verdade e a finitude da existência (e a própria possibilidade da filosofia) – a temporalidade, a dialética do tempo constituinte e do tempo constituído –, terminando em seguida numa reflexão sobre a história e a liberdade que nos fazem voltar, à luz do originário, para a vida dos homens. Subida para fora da Caverna rumo à luz da temporalidade, depois nova descida para a "confusão inextricável" da história: a filosofia é a passagem da não filosofia de antes da filosofia para a não filosofia de depois da filosofia.

Fundação (instituição)
Fr.: *Fondation (institution)*

* A "fundação do ser" (*PP* XV) é inseparável da filosofia na medida em que sua vocação é a de estabelecer a racionalidade (*id.*) por uma iniciativa "cujo direito repousa inteiramente no poder efetivo que ela nos dá de assumir nossa história" (*id.*). Essa fundação se realiza, em Merleau-Ponty, segundo várias figuras. O termo *Fundierung* (fundação) corresponde à época da *Fenomenologia da percepção*; o termo *Stiftung* (que também se poderia traduzir por fundação, mas que Merleau-Ponty traduz habitualmente por instituição, opondo-a ao termo constituição) aparece no momento em que se radicaliza a recusa de uma filosofia da consciência e da "constituição"; por fim, os termos *Grund* (fundo, fundamento) e *Abgrund* (abismo) aparecem nas notas de trabalho e nas notas de curso no momento em que Merleau-Ponty compreende a filosofia já não como uma "fundação do ser", mas como "a reconversão do silêncio e da fala um no outro" (*VI* 171).

** A fundação no sentido de *Fundierung* (*PP* 147, 451) une dois termos numa relação recíproca entre fundante e fundado. É o que ocorre entre o fato e a razão, entre o tempo e a eternidade, a natureza e a história. A natureza "funda" a história e a cultura no sentido de que é sua base ontológica; no mesmo sentido, a percepção visual funda a visão no sentido figurado, ou seja, "a capacidade de formar conjuntos simultâneos", e é por isso que uma lesão occipital pode produzir uma "cegueira psíquica"; mas, inversamente, a história e a cultura "fundam" a natureza, pois a natureza no homem só é visível sempre já "recuperada" por uma capacidade de expressão e de criação de sentido que depende da história ou da liberdade e que faz aparecer, por recorrência, o fundo não racional da existência como "esse dom da natureza que o Espírito precisava utilizar *para além* de toda esperança..." (*PP* 147). Portanto, a *Fundierung* une na reversibilidade a fundação arqueológica e a fundação teleológica, mas dá também um privilégio à fundação teleológica: é tão somente *por falha* ou *defecção* que a natureza funda a história ou a liberdade e é preciso haver a lesão por explosão de obus de Schn. para nos lembrar a dívida da história (ou da razão) para com a natureza.

A fundação pensada como *instituição* (termo que traduz a *Stiftung* de Husserl, da qual encontramos uma única ocorrência na *Fenomenologia da percepção* (148), onde o termo é traduzido por "fundação" e "estabelecimento") prevalece sobre a *Fundierung* no momento em que, como diz o *Resumo do curso* de 54-55 (*RC* 59), define-se a tarefa de encontrar "um remédio para as dificuldades da consciência" ou de ultrapassar o idealismo da "constituição" pensando o mundo como instituído (*VI* 76) e não como constituído. A instituição designa o advento de uma significação "operante" que seja ao mesmo tempo recuperação e superação de significações anteriores e apelo a novas criações de sentido por recuperação posterior: "o pintor aprende a pintar de outro modo imitando seus precursores. Cada uma de suas obras anuncia as seguintes – e faz que não possam ser semelhantes. Tudo se encaixa e, no entanto, ele não saberia dizer para onde vai" (*RC* 63). Enquanto a *Fundierung* subordina, na fundação, o sentido arqueológico ao sentido teleológico, a *Stiftung* designa uma verdadeira reversibilidade entre fundante e fundado; o passado e o futuro "fazem eco um do outro" (*RC* 62), o dado e o criado têm o mesmo direito e não são realmente discerníveis: o que é "dado" sempre o é apenas através da recuperação de uma "tradição" que é "esquecimento das origens", e o que é criado é como o passado originário de todas as criações ou recuperações posteriores. Portanto, pensar a fundação como instituição é recusar tanto o ativismo da "doação de sentido"[1] como a razão teleológica.

*** Os termos *Grund* e *Abgrund* (por exemplo *VI* 303) aparecem no momento em que Merleau-Ponty interroga o dispositivo conceitual que subtende a empresa fundacional, como o princípio de razão suficiente (e seu pressuposto: o nada precede o ser e poderia não haver nada), a distinção entre fato e essência, entre individualidade e universalidade, uma concepção da filosofia como poder de recuar para o fundo do nada para ver o ser "de frente" etc. No momento em que esse dispositivo é recusado, a filosofia já não questiona visando uma resposta ou um enunciado que poria fim à sua questão, ela se torna "uma *questão-saber*" (*VI* 171).

1. "A *Stiftung*, por princípio, vai além do problema decisionista: sentido em si ou sentido por minha *Sinngebung*. Claro que não opera por si só e, para operar, tem sempre de ser *recuperação* por uma consciência viva. No entanto, ela não é interior a essa consciência: ela tem suas articulações, é um tempo universal, que encontra na temporalidade do para si apenas uma réplica e não seu fundamento" (nota inédita).

História

Fr.: *Histoire*

* Antes de ser um conhecimento decorrente da "consciência objetiva e científica do passado", a história é, para Merleau-Ponty, uma estrutura fundamental do "mundo social" que, através de nossa "situação", faz que nos comuniquemos com a humanidade integral, sincrônica e diacrônica (*PP* 415). O historiador eleva o que, de início, é apenas um "peso" (*PP* 476) do passado sobre nosso campo social à condição de conhecimento apoiado na "afinidade que faz que as situações se compreendam entre si" (*SNS* 113). Nosso laço com o passado inscreve-se numa "memória do mundo" (*PP* 84) em que se fundamenta "a verdade do passado" (*id.*) e a verdade da historiografia. Além disso, esse laço com o passado na memória do mundo não é separável de uma práxis que é a história fazendo-se: "não somos espectadores de uma história acabada, somos atores numa história aberta" (*HT* 99).

** O sujeito da história entendida como práxis é o "homem como produtividade, como aquele que quer dar forma à sua vida" (*PP* 200), o homem no exercício de sua liberdade. Logo, o movimento da história não depende de "uma potência estranha que disporia de nós para seus fins" (*PP* 512), mas do homem, da comunidade simultânea e sucessiva dos seres humanos inseridos em formas históricas relativamente estáveis e, contudo, maleáveis, que eles sofrem e que eles transformam. O que dá sentido à história é o fato de haver no agir humano tanto uma "generalidade" (resultante do enraizamento de todo agir numa natureza das coisas ou numa lógica da coexistência) quanto uma liberdade de recuperar e de transformar essa situação de fato começando por abraçar suas imposições. Por isso, o sentido dos acontecimentos está na intersecção do "projeto concreto de um futuro que se elabora na coexistência social e no Se [*On*] antes de qualquer decisão pessoal" (*PP* 513) com as "recuperações" que desdobram esse projeto anônimo (por vezes além do que ele anunciava), produzindo novas estruturas da coexistência. Os acontecimentos fazem um sentido *na* história ou um sentido *da* história? A resposta de Merleau-Ponty é nuançada: "Se abandonamos resolutamente a ideia teológica de um fundo racional do mundo, a lógica da história é tão somente uma possibilidade entre outras" (*SNS* 147). O que é sensato esperar é que a lógica da coexistência que não torna impossível nenhuma aventura, "ao menos elimine a longo prazo, como por uma seleção natural, aquelas que se desviam das exigências permanentes dos homens" (*HT* 165-166), e tenda para o reconhecimento do homem pelo homem.

*** Merleau-Ponty também ressalta que a história não é somente sucessão, mas também, mais profundamente, simultaneidade. A história da humanidade "não é a história empírica e sucessiva", mas "a consciência do laço secreto que faz que Platão ainda esteja vivo entre nós" (*SNS* 115). E, segundo a formulação tardia das *Notas de curso*, ela não é "processo, cadeia de acontecimentos visíveis, mas história intencional ou 'vertical', com *Stiftungen* [instituições], esquecimento que é tradição, recuperações, interioridade na exterioridade – *Ineinander* [imbricação] do presente e do passado" (83).

Imbricação

Fr.: *Empiètement*

* Essa noção faz parte do dispositivo conceitual que mostra que a realidade última não é uma soma de coisas ou de indivíduos espaçotemporais, que têm todos uma determinação completa e uma identidade distinta num espaço e num tempo *partes extra partes*, mas uma unidade do Ser que é "coesão pela incompossibilidade" (*NC* 199) ou "que faz sua unidade através das incompossibilidades" (*VI* 268), ou por "oposição real (Kant)" (*VI* 314), como em uma língua em que a unidade se faz por oposição recíproca: "Para além da alternativa entre exterioridade corporal e interioridade espiritual, o Ser é imbricação de tudo sobre tudo, ser de promiscuidade" (*VI* 287).

** Ainda que não seja nomeado como tal, o fenômeno de imbricação anuncia-se em várias análises da *Fenomenologia da percepção*. Dele depende a percepção "selvagem" do esquizofrênico, quando "ele sente que uma vassoura colocada perto de sua janela se aproxima dele e entra na sua cabeça" (*PP* 336). Ou o fenômeno do tempo, cuja trama sempre uma e sempre diversa é feita da imbricação recíproca de suas três *ek-stases*. Ou então o transitivismo, a sociabilidade sincrética, a projeção e a introjeção (analisados no curso sobre *As relações da criança com o outro*). Mas a noção só se torna central mediante a leitura de Husserl e Whitehead, mas também de Proust e Claude Simon, na ontologia dos últimos textos. Ontem pensava no *cogito*, hoje volto a pensar nele no fio de meu pensamento de ontem. A unidade de meu pensamento não é a continuidade de uma "realidade *formal*" (que não é nem possível nem necessária), nem a identidade de uma realidade *objetiva* (pois meu pensamento de hoje não repete o de ontem, mas o desenvolve ou contradiz), ela é unidade de imbricação: "penso nesse passado próximo, ou então meu pensamento de ontem passa para o de hoje, há imbricação do passivo sobre o ativo e vice-versa" (*RC* 165). Essa imbricação de si sobre si se acresce de uma imbricação de si sobre outrem e de outrem sobre si, pois, como mostrou o *nouveau roman*, "não vivemos com consciências que seriam, cada uma, um eu inalienável e insubstituível, mas com homens dotados de um corpo verbal e que trocam entre eles esse corpo verbal" (*NC* 215) na reversibilidade do passivo e do ativo: penso em outro e outro fala em mim.

*** O campo de experiência designado pela noção de imbricação ganhou expressão naqueles que pensam "em pintura" ou em "literatura", mas, segundo Merleau-Ponty, permanece ausente de "nosso pensamento 'filosófico'" que "continua espiritualista, materialista, racionalista ou irracionalista, idealista ou realista, quando não silencioso" (*NC* 37). Uma filosofia que recolhesse e conceitualizasse esse campo de experiência, "antecipado" pela arte, seria a ontologia de "interconexão" que a filosofia de hoje procura.

Indivíduo

Fr.: *Individu*

* A categoria de indivíduo, segundo Merleau-Ponty, foi profundamente transformada pelo surgimento do conceito de estrutura. Quando os fenômenos são apreendidos em termos de estrutura, de totalidade ou de ser molar, e não em termos de "coisas", a individualidade deixa de ser uma realidade alheia à "generalidade"; a generalidade é, antes, ou o antagonista dialético, ou a armação da individualidade.

** Dando continuidade a *A estrutura do comportamento*, a *Fenomenologia da percepção* estabelece que a individualidade é inseparável de uma dimensão "antagonista" de generalidade. O sujeito que percebe nunca é somente "atividade" e "individualidade", mas também "passividade" ou "generalidade" (*PP* 489); ele é o anônimo no sentido da individualidade absoluta, mas também o anônimo no sentido da generalidade absoluta (*PP* 512); é indivisivelmente pessoal e impessoal, um *eu* e um *alguém*. O sujeito histórico não é somente "esse projeto rigorosamente individual que nós somos" (*PP* 513), mas também "uma zona de existência generalizada e de projetos já feitos" (*id.*). E até no cume extremo da reflexão, "... descubro em mim um tipo de fraqueza interna que me impede de ser absolutamente indivíduo..." (*PP* VII), pois a unidade do sujeito – bem como a do objeto – não é uma "unidade real", mas uma "unidade presuntiva" no horizonte da experiência, e o *eu* "é indivisivelmente desfeito e refeito pelo curso do tempo" (*PP* 254). Essa dimensão de generalidade não é apenas um limite da individualidade, é também, mais profundamente, sua condição dialética, no sentido em que toda individualidade se destaca de um fundo de generalidade e finalmente volta a cair em generalidade, no sentido, igualmente, em que a "universalidade e o mundo se acham no coração da individualidade e do sujeito" (*PP* 465). Se a universalidade é, pois, a matéria da individualidade, então o próprio mundo é qualificável em termos de individualidade e é até o indivíduo *por excelência*: ele é "esse indivíduo pré-objetivo cuja unidade imperiosa prescreve ao conhecimento a sua finalidade" (*PP* XIII), ou então "um indivíduo que abarca tudo" (*PP* 395), um "indivíduo inacabado" (*PP* 402), mas "em concordância consigo mesmo" (*id*.), um "imenso indivíduo [que] se afirma" (*PP* 468), "um único ser indivisível e que não muda" (*PP* 470). Também assim o tempo: fala-se do tempo não no sentido de um nome coletivo, mas no sentido de um nome próprio (*PP* 482). Se o mundo ou o tempo são indivíduos *por excelência*, é porque elevam o vínculo – intrínseco à individualidade – entre individualidade e generalidade a uma condição superior: a generalidade é aqui a estrutura interna e a vida da individualidade. Toda a reflexão ontológica dos últimos textos desenvolve essas aberturas de 1945: a carne é "dimensão", "elemento", "raio de mundo", formulações que designam um sentido de ser que escapa à divisão entre individualidade e generalidade porque ela é seu "vínculo secreto". E, como uma ontologia "indireta" deve conhecer e meditar as ciências, Merleau-Ponty pensa a mecânica quântica como "'uma teoria das espécies" [pois ela põe em dúvida "a ideia de que todo objeto tem uma existência individual" (*NC* 128)]; e a etologia convida a considerar uma "interanimalidade" na espécie ou entre as espécies: "Não se deveria ver nas inúmeras individualidades que a vida constitui outros tantos absolutos separados, dos quais toda generalidade constituiria tão somente seres de razão" (*NC* 247).

*** Merleau-Ponty leu e meditou a filosofia de Leibniz. Em Leibniz, o indivíduo não é uma "coisa", mas uma expressão do múltiplo no um, *pars totalis*, e a generalidade é, pois, interna à individualidade. Essa abertura leibniziana exerceu sobre Merleau-Ponty uma influência decisiva.

Intercorporeidade

Fr.: *Intercorporéité*

* As relações entre os seres humanos ou mesmo entre os seres vivos de uma mesma espécie ou de espécies diferentes (a interanimalidade) desenham um "ser intercorporal" (*VI* 188), um "ser de indivisão" fundamentado na reversibilidade do senciente e do sensível. A intercorporeidade é entendida como uma extensão das ligações internas ao corpo próprio: como minhas duas mãos são os órgãos sinérgicos de uma única captura do mundo, um aperto de mão é o símbolo da abertura dessa sinergia para uma existência generalizada, intercorporal ou "com várias entradas".

** Merleau-Ponty descobre primeiro a intercorporeidade nesses "pensamentos bárbaros da primeira idade" que "permanecem como um saber adquirido indispensável sob os pensamentos da idade adulta" (*PP* 408): perceber o corpo de outrem é "encontra[r] ali como que um prolongamento miraculoso de suas próprias intenções, uma maneira familiar de tratar o mundo; doravante, como as partes de meu corpo em conjunto formam um sistema, o corpo de outrem e o meu são um único todo, o verso e o reverso de um único fenômeno..." (*PP* 406). Mas o conceito só se constitui verdadeiramente no momento em que as noções de reversibilidade e de quiasma passam para o primeiro plano, de modo tal que o sentir já não é definido "a título primordial" pelo "pertencimento a uma mesma 'consciência'" (*VI* 187), mas como "retorno sobre si do visível, aderência carnal do senciente ao sentido e do sentido ao senciente" (*id.*). Assim como, pela reversibilidade entre ativo e passivo, cada mão se comunica com a outra, cada sentido com os outros sentidos, na unidade de um "Senciente em geral", assim também, e em virtude da mesma reversibilidade, cada corporeidade se experimenta como aberta para as outras e no mesmo mundo que as outras experimentando que ela é, não um pensamento, um *cogito*, mas uma concreção local da "visibilidade anônima" (*id.*) do mundo.

*** A noção de intercorporeidade também prolonga as reflexões sobre o social de 1945. O social escapa da alternativa entre subjetivo e objetivo, pois nem é uma ideia pensada por um indivíduo, nem um meio de universo que determina o indivíduo. A intercorporeidade também não é "espírito subjetivo" ou "alma do grupo" (*VI* 228) onde "todos os Egos estariam no mesmo plano" e onde desapareceria a diferença entre as pessoas. Ela é essa troca primeira, carnal e depois simbólica, em cujo seio o indivíduo – que, portanto, não pode reivindicar a realidade última – tem o status de um termo diferencial.

Interrogação

Fr.: *Interrogation*

* Radicalizando uma tradição que remonta à concepção grega do espanto como origem da filosofia, Merleau-Ponty vê na interrogação "o modo próprio de nossa relação com o Ser" (*VI* 171), não no sentido da invocação ou da expectativa de um enunciado que seria o verdadeiro remate da filosofia, mas no sentido de uma postura permanente que corresponde ao mesmo tempo à reticência do Ser (*VI* 171) e à constituição diacrítica da fala (*NC* 129-130).

** Criticando o ideal metafísico de coincidência, coincidência com as essências em uma filosofia que suspende a atitude natural e faz o filósofo recuar para o fundo do nada, coincidência com a existência em uma filosofia que recusa o nada e compreende a intuição como fusão, Merleau-Ponty concebe a filosofia como interrogativa, radicalmente interrogativa, voltando a questão para ela mesma, interrogando as significações implicadas em nossas questões ou o sentido de ser da questão como tal. Assim, "interrogar-se sobre a essência do tempo e do espaço ainda não é fazer filosofia, se em seguida não nos interrogamos sobre as relações do próprio tempo e do próprio espaço com sua essência" (*VI* 161). E a interrogação não deve ser entendida como uma figura do *cogito*, ela "não se situa no *cogito* como um de meus pensamentos, cuja questão verbal seria o enunciado" (*NC* 130), pois ela recusa "o 'pensamento' no sentido cartesiano [que] é tido como posse de si" (*id.*), ela decorre de um "pensamento aberto", "ligado a sistemas diacríticos e que é sempre discrepância, excêntrico e não *es selbst* [si mesmo]" (*id.*). A filosofia não é tese ou enunciado: ela não toma o Ser como objeto, o Ser não é objeto de enunciado, ele habita a linguagem. Pode-se avaliar aí a importância da leitura de Heidegger, de que o curso de 1958-1959 no Collège de France sobre "a filosofia de hoje" é testemunha.

*** A interrogação também é a única relação filosófica com a história da filosofia. Ler uma filosofia seria, pois, ultrapassar o plano dos enunciados ou dos problemas para reencontrar as questões operantes que podem instruir o pensamento de hoje. Mesmo o *cogito*, ao qual parece se opor um pensamento interrogativo e aberto, pode ser restituído, contra sua sedimentação em enunciado, à sua dimensão originalmente interrogativa (o *cogito* vertical).

Intersubjetividade

Fr.: *Intersubjectivité*

* A intersubjetividade é uma estrutura da vida intencional, que, na *Fenomenologia da percepção*, é relacionada com o *cogito* – na medida em que me revela "em situação" (*PP* VII) e como "portador concreto" de um duplo anonimato: o da "individualidade absoluta" e o da "generalidade absoluta" (*PP* 512). Em seguida, depois da virada na direção da intraontologia, ela se torna, aquém da percepção de outrem ou do diálogo, a articulação invisível da experiência que, para começar, torna a experiência possível (*VI* 234), o "*Ineinander*[1] [envolvimento] dos outros em nós e de nós neles" (*id.*), que está sempre já implicado na abertura de um mundo.

** Segundo a obra de 1945, a intersubjetividade desdobra-se em duas modalidades, cuja indivisão a reformulação do *cogito* deve mostrar: por nossa "generalidade absoluta" (*PP* 512), estamos com os outros numa comunidade de situação; por nossa "individualidade absoluta", estamos comprometidos com os outros numa "luta das consciências" (*PP* 408). Uma virada se anuncia nas páginas da *Prosa do mundo* acerca do diálogo: distante tanto do retraimento na interioridade de uma pura consciência quanto da confusão na generalidade anônima do *Alguém*, o diálogo é o circuito no qual, sem abandonar nada de minha autonomia e de minha responsabilidade, deixo o outro, na generosidade da filiação, me destituir de minha posição central, na consciência de que, desde sempre, penso no outro como o outro fala em mim. *As aventuras da dialética* sublinha essa mesma virada: se, em *Humanismo e terror*, a história ainda aparece como colocação em movimento por uma luta das consciências inscrita no *cogito*, segundo o livro de 1955, ela é colocação em movimento pela dialética das significações operantes nas quais se exprime, se perde e se recupera a produtividade humana, ou seja, pelo que Merleau-Ponty denomina práxis. O que caracteriza a práxis é que ela escapa à alternativa entre sujeito e objeto, na qual se encerra a consciência teórica: "há uma superação do dilema na prática, porque a práxis não está sujeita ao postulado da consciência teórica, à rivalidade das consciências…" (*AD* 71). A partir daí, a intersubjetividade já não depende de uma relação entre consciências nem de um *cogito* reformulado que reconciliaria a existência generalizada e a luta das consciências, mas de uma "síntese de acoplamento" (*PM* 29), regida pela reversibilidade da percepção e do movimento ou do falar e do ouvir, e, mediante a qual, na percepção silenciosa do outro ou no diálogo, "tudo o que eu faço eu o faço fazer e tudo o que ele faz ele me faz fazer" (*id.*).

*** Merleau-Ponty pensou a intersubjetividade num diálogo constante com Husserl, Scheler, Sartre, mas também Hegel e Marx. A constituição de outrem no *ego* transcendental lhe parece impossível, assim como a posição de Scheler, que parte da "mescla de si e de outrem" ou de uma "corrente psíquica indiferenciada". Em 1945, a chave da intersubjetividade está na temporalidade: "duas temporalidades não se excluem como duas consciências, porque cada uma só se sabe projetando-se no presente e porque nele podem se enlaçar" (*id.*). Mais tarde, Merleau-Ponty desiste de buscar na temporalidade "a solução de todos os problemas de transcendência" (*id.*) e será com o abandono do projeto de reformular o *cogito* que a intersubjetividade se tornará intercorporeidade: "não vivemos com consciências, cada uma das quais seria um Eu, inalienável e insubstituível, mas com homens dotados de um corpo verbal e que trocam esse corpo verbal entre eles" (*NC* 215).

1. Literalmente, um no outro, interpenetração, imbricação. (N. da T.)

Intraontologia

Fr.: *Intraontologie*

* A filosofia se torna intraontologia no momento em que procura pensar nossa abertura para o Ser como "uma relação com o Ser que seja estabelecida *do interior do Ser*" (*VI* 268), por contraste com as filosofias reflexivas ou com a filosofia sartriana do ser e do nada que reduzem essa abertura a uma relação de exterioridade, quer a consciência seja separada do Ser pela positividade de suas representações e tenha, pois, necessidade da veracidade divina para alcançar as coisas (*NC* 182: "verdade definida por certeza imanente [pensamento] que só abre para o ser porque o ser de Deus a ele liga"), quer dele seja separada ou alienada, ao contrário, pela negatividade de seu próprio nada.

** O naturalismo ou o objetivismo, que conhece tão somente as relações de causalidade (e que reduz o próprio sujeito a um acontecimento de universo submetido à causalidade), tem por contraponto a posição "reflexiva" de um sujeito transcendental que constitui o mundo, paira sobre ele e o contempla (*kosmotheoros*) sem dele participar. Donde, em Kant, por exemplo, o desdobramento do sujeito em um sujeito empírico que é *no* mundo e submetido às relações de causalidade e um sujeito transcendental que é *sem* mundo. Para escapar desse desdobramento, cumpre criticar o pensamento causal e o naturalismo, mas não sem pensar sua verdade (*RC* 112): se o pensamento objetivo submete a percepção à causalidade natural e faz, assim, da abertura do mundo um acontecimento do mundo, é porque "a consciência percebe a si própria ou aparece para si própria inserida em uma natureza" (*PP* 13). Logo, convém exprimir essa inserção sem cair no "preconceito do mundo", retificando o naturalismo: "O que substitui o pensamento causal é a ideia de transcendência, isto é, de um mundo visto na inerência a esse mundo, graças a ela, de uma Intraontologia, de um Ser englobante-englobado..." (*VI* 280). O vidente engloba o visível, mas é também englobado pelo visível, e é por isso que o visível é inesgotável e transcendente em sua doação, de modo tal que não pode ser reduzido a tese ou a enunciado e chama a postura interrogativa: a Intraontologia é "relação com o Ser que se estabelece de dentro – carnal – o vidente visível, relação que é interrogação de nós pelo mundo bem como do mundo por nós" (*NC* 228).

*** A intraontologia contesta, portanto, a exclusão recíproca, de origem parmenidiana, do ser e do nada; ela é uma tentativa de pensar o nada como estrutura do ser ou o ser como estrutura do nada. Por isso é que Merleau-Ponty escreve numa nota inédita: "a intraontologia é ontologia negativa, como teologia negativa: o Ser revelado pelo que ele não é".

Invisível

Fr.: *Invisible*

* Merleau-Ponty denomina invisível uma "armadura interior" do sensível, que o sensível a um só tempo "mostra e esconde" (*VI* 195) e cuja presença conta no sensível como a de uma cavidade ou de uma ausência: "o sensível não são somente as coisas, é também tudo o que ali se desenha, ainda que em negativo, tudo o que ali deixa marca, tudo o que ali figura, ainda que a título de distância e como uma certa ausência" (*S* 217). Por exemplo, a experiência de um corpo que percebe é a de uma outra consciência, no sentido de que o corpo que percebe deixa transparecer uma significação – decerto "invisível", no sentido de "uma certa ausência que seu comportamento escava e dispõe atrás dele" (*id.*), mas sem a qual o corpo visível não se apresentaria como "corpo animado". Logo, o invisível é essa armação do visível que dá ao visível sua presença significante, sua "essência ativa" (*Wesen*). Merleau-Ponty propõe-se pensar o invisível antes como profundidade do visível do que como objeto ou noema de uma subjetividade.

** Merleau-Ponty aborda a questão do invisível na esteira de uma reflexão sobre a reversibilidade. Mostrando que a reversibilidade do senciente e do sensível, o recobrimento do ver e do palpar pela passividade que é seu contraponto são sempre parciais ou apresentam algo que "se mexeu" (minha mão direita que palpa os objetos não pode ser palpada em seu palpar; não consigo ouvir minha voz no momento em que ela se profere), e que, portanto, o senciente, longe de poder coincidir consigo mesmo em uma pura interioridade, só é encontrado e alcançado através da espessura do mundo para o qual está aberto, imediatamente esclarece que o hiato que se anuncia nessa não coincidência não priva a experiência de sua trama cerrada e coerente: a passividade e a atividade são rigorosamente articuladas "e é somente como se a dobradiça entre elas, sólida e inabalável, permanecesse irremediavelmente oculta para mim" (*VI* 194-195). Essa dobradiça corresponde ao que foi chamado essência ou ideia, mas, enquanto na filosofia moderna a essência é entendida como um noema separável do sensível (no sentido de que se supõe que seu vetor ontológico seja uma subjetividade positiva), as essências carnais "não se deixam [...] destacar das aparências sensíveis e erigir em segunda positividade" (*VI* 196), elas só nos são acessíveis diretamente pelo sensível, numa confirmação do sensível por ele mesmo, cujo segredo é o trabalho de expressão que o possui. Por esse motivo, o pensamento do invisível chama uma compreensão do pensamento e do sentido de ser do sujeito pensante diferente da compreensão da filosofia moderna. O pensamento do invisível é interrogativo, não tético, no sentido de que ele não pode se fixar na positividade de uma essência separada. E ele tampouco depende dos *atos* de uma subjetividade, o invisível não possui o modo de ser que a filosofia reflexiva ou a filosofia sartriana do nada atribuem à subjetividade: o invisível, a essência carnal do visível, "não é um vazio ontológico, um não ser [...], é o zero de pressão entre dois sólidos que faz com que eles adiram um ao outro" (*VI* 195); a ideia da luz, a ideia musical "se nos apresenta como ausente de toda carne; é um sulco que se traça magicamente sob nossos olhos sem que ninguém o traçasse, uma certa cavidade, um certo dentro, certa ausência, uma negatividade que não é um nada..." (*VI* 198).

*** O conceito de invisível desempenha, pois, um papel fundamental na compreensão merleau-pontyana das relações entre filosofia e não filosofia. Se a essência é carnal, se a idealidade é a armação da experiência, se o pensamento do invisível não é separável da opacidade da experiência, então só há ontologia "não separada", "indireta", negativa: a filosofia tem de aceitar ser, como a obra de arte, apresentação (pelo visível ou pelo trabalho de expressão) de um inapresentável (o Ser).

Liberdade
Fr.: *Liberté*

* Para Merleau-Ponty, a liberdade faz parte da constituição fundamental do "Si". O Si, que está "em situação", é também um "reduto de não ser" (*PP* 458), "um fundo inumano pelo qual [...] não estamos no mundo" (*PP* 466), e sua liberdade é essa capacidade "de conservar em relação a qualquer situação de fato uma faculdade de recuo" (*PP* 413). A liberdade "se engrena" numa situação natural e histórica ou num fundo de existência sedimentada sem o qual ela não teria amarras nem influência, e ela é a capacidade de "recuperar" essa situação dela se destacando, de subtraí-la de sua generalidade, de lhe dar uma dimensão "pessoal", seja para prorrogá-la, seja para transformá-la. Há, assim, como uma troca entre nossa situação e nossa liberdade: nossa situação é um sentido nascente que espera de nós seu acabamento. E nosso agir será verdadeiramente livre se, longe de qualquer gratuidade, recolher esse sentido que brota de nossa existência anônima e assumi-lo *pessoalmente* contra a inércia e a repetição da vida sedimentada.

** A liberdade do si só pode ser entendida sobre um fundo de temporalidade: temporalidade e liberdade são inseparáveis. Já há surgimento do tempo e esboço de uma liberdade (com seu reverso de passividade) na mais simples percepção, no momento em que "meu corpo toma posse do tempo, [...] faz existir um passado e um futuro para um presente [...], faz o tempo em vez de a ele se sujeitar" (*PP* 277), produz a viragem do tempo natural em tempo histórico. A liberdade se amplifica à medida que o tempo histórico se distancia do tempo natural, à medida que o sujeito, na coesão ek-stática ou "espalhada" de sua vida, tende para a posse de si dando à sua vida uma unidade, atribuindo ao passado um sentido definido do qual o futuro seria a realização. Mas a dispersão temporal jamais é transcendida por esse projeto de posse de si, uma síntese acabada é impossível e essa impossibilidade é o limite, mas também, mais profundamente, a base da liberdade. A realização da liberdade numa "eternidade de vida", ou seja, uma vida que se possuísse perfeitamente, seria o "fim" da liberdade.

*** Merleau-Ponty criticou duramente a concepção sartriana da liberdade (que está sempre no horizonte de suas próprias reflexões). Sartre faz da liberdade uma liberdade de julgar – cujo *sim* e cujo *não* "igualmente impalpáveis só se referem a coisas vistas" (*AD* 264) –, uma liberdade puramente interior ou uma liberdade sobranceira, e não uma liberdade engajada por seu próprio *fazer* na carne do mundo, uma liberdade que pretende determinar soberanamente seus fins do fundo de seu nada, não uma liberdade que acompanha o movimento do mundo no seu desdobramento significante. Tal liberdade é, para Merleau-Ponty, infecunda e tautológica: nada pode criar, pode somente repetir sua própria vacuidade. A essa liberdade do vazio cumpre opor a liberdade *fecunda*, isto é, aquela que se confronta, num ato de retomada, com significações abertas e inacabadas, operantes, que ela "compreende" mas que ela não constituiu, e que estruturam objetivamente o campo do possível.

Lógos
Fr.: *Lógos*

* Esse termo que, na língua e na filosofia gregas, significa indivisivelmente a fala humana e a trama sensata e inteligível do mundo é retomado por Merleau-Ponty para ressaltar que o sentido do ser não pode ser identificado com uma Razão em si que contenha de antemão tudo o que o conhecimento ali descobrirá, nem com a operação de uma subjetividade transcendental, que construiria o mundo e nele encontraria o que ali pôs; há um *lógos*, há sentido a partir do momento em que se abre o "mundo da vida" ou a experiência, o diálogo imemorial e constantemente renovado do vidente com o visível, do palpante com o palpável, o sensível relançando mediante sua resposta o apelo que o senciente lhe dirige assim como o senciente aquele que o sensível lhe dirige, num quiasma ou numa reversibilidade que estão na própria origem do sentido ou do *lógos*. Esse "*lógos* do mundo estético" (*PP* 490) funda ou institui o universo da expressão e pode, pois, valer como o primeiro "estabelecimento" da racionalidade.

** Segundo a *Fenomenologia da percepção*, a filosofia não consiste em alcançar "nas coisas uma Razão preexistente", que, mais antiga e mais verdadeira que o mundo, nele teria se encarnado: "o único *Lógos* que preexiste é o próprio mundo", e a filosofia é o "próprio ato mediante o qual recuperamos esse mundo inacabado para tentar totalizá-lo e pensá-lo" (*PP* XV). Portanto, há *Lógos* ou um "lógos em estado nascente" (*P* 67) na vida pré-reflexiva do ser no mundo e é esse *Lógos*, mais fundamental que o pensamento objetivo (*PP* 419) ou que a intencionalidade de ato (*PP* 490), ou que o universo do saber, que falta para o afásico, obrigado a "soletrar" os fenômenos para reconhecê-los em vez de se deixar apanhar pela fisionomia do visível, privado do "diálogo do sujeito com o objeto", que "dispõe em torno do sujeito um mundo que lhe fala de si próprio…" (*PP* 154). E Merleau-Ponty ressalta sempre mais, contra a filosofia da consciência, a imanência do *Lógos* ao mundo, cuja manifestação e cujo sentido ele carrega indivisivelmente. Nossa abertura perceptiva para o mundo é, pois, segundo a fórmula estoica que Merleau-Ponty retoma, um "*lógos endiathetos*" (interior ao mundo), um "sentido prévio à lógica" (*VI* 222), "que se pronuncia silenciosamente em cada coisa sensível" (*VI* 266) e cujo "*lógos prophorikos*" ou lógos proferido (*VI* 222-224) é a retomada e a sublimação (*VI* 261). Por isso também é que "nossa" linguagem nunca pode se fechar sobre si; ela é a testemunha das coisas, "é uma vida, é nossa vida e a delas" (*VI* 167), é uma "linguagem-coisa" ou "uma tentativa de articulação que é o Ser de todo ser" (*VI* 168).

*** Embora as posições da *Fenomenologia da percepção* já se prestem a um diálogo com o pensamento grego (por exemplo, o conceito aristotélico de *aísthesis*, como ato comum do senciente e do sensível), esse diálogo só se define de fato nos últimos textos, no momento em que se radicaliza a crítica de uma filosofia da consciência; demonstram-no, além da referência ao lógos estoico, a noção de "elemento", que aponta para o pensamento dos fisiólogos pré-socráticos.

Mundo

Fr.: *Monde*

* Merleau-Ponty distingue mundo e universo. O *universo* que a ciência constrói é "uma totalidade acabada, explícita, onde as relações sejam de determinação recíproca" (*PP* 85), ao passo que o *mundo* de nossa vida, meio de nossa experiência e de nossa ação, é "uma multiplicidade aberta e indefinida onde as relações são de implicação recíproca" (*id.*), não um objeto "sem fissuras e sem lacunas" (*LMG*), mas, antes, segundo a fórmula de Malebranche, uma "obra inacabada". Portanto, o mundo não é um puro objeto de pensamento, mas o estilo universal de toda percepção possível (*P* 50) ou "o conjunto de nossa experiência do ser sensível e dos homens" (*VI* 310); ele é o "ser permanente" (*PP* 378) que polariza "uma certa energia da pulsação de existência" (*PP* 95), bem como "meu movimento dirigido à verdade através da aparência e do erro" (*PP* 378). Sua unidade não está fundamentada na identidade a si de um espírito constituinte, é essa unidade, ao contrário, que é a base de toda coesão da vida: o mundo natural "garante às minhas experiências uma unidade dada e não desejada, para aquém de todas as rupturas de minha vida pessoal e histórica..." (*PP* 381).

** Desenvolvendo um caminho aberto por Kant, Merleau-Ponty mostra que o mundo não é um "ente", o ente supremo, o Grande Objeto que conteria todos os outros, mas, antes, o Ser de todo ente, o estilo universal de todo aparecer: "é o *Wesen* verbal, o Ester – um *Wesen* verbal que envolve todos os entes e faz justamente que tenham sentido comum, que sejam compossíveis na distância" (nota inédita). A esse estilo pertence, em primeiro lugar, a estrutura de horizonte, em virtude da qual toda percepção de um objeto se prolonga indefinidamente, seja na direção de sua profundidade imanente (horizonte interior), seja na direção de seu contexto (horizonte exterior). Assim, a síntese que me dá o objeto sobre o fundo de mundo é necessariamente inacabada, sem que esse inacabamento desrealize a coisa ou o mundo; ao contrário, ela estabelece a realidade dele: "o mundo, que é o núcleo do tempo, só subsiste por esse movimento único que separa o apresentado [*apprésenté*] do presente e ao mesmo tempo os compõe" (*PP* 383); o real se retira na sua doação e se dá em sua retração, e o mundo é um dos nomes desse vínculo insecável entre doação e retração. Também se dirá que o pertencimento ao mundo dá às coisas percebidas a sua dimensionalidade, a sua generalidade, ou seja, um sentido de ser que escapa da alternativa entre individualidade espaçotemporal e universalidade da essência: "o 'Mundo' é esse conjunto em que cada 'parte', quando a tomamos em si mesma, abre de súbito dimensões ilimitadas – torna-se *parte total*" (*VI* 271), inscrevendo-se num raio de mundo.

*** Ao longo de toda a sua obra, Merleau-Ponty nunca cessou de enfatizar dois aspectos do sentido de ser do mundo. O primeiro é a facticidade. Ao prefácio da obra de 1945 que enunciava: "'Há o mundo'; dessa tese constante de minha vida não posso dar inteiramente a razão", responde esta nota de trabalho inédita: "aprender a reconhecer que não há pensamento que supere o fato do mundo". O segundo é a individualidade: o mundo é "um indivíduo que abarca tudo" (*PP* 395), "um imenso indivíduo [que] se afirma" (*PP* 468); ele é, precisa uma nota inédita, "de uma individualidade absoluta, *id est* anterior ao singular e ao plural: não se pode conceber nada que a ele não pertença".

Nada

Fr.: *Néant*

* A ideia do nada intervém necessariamente tanto na expressão do fenômeno do mundo: "'há alguma coisa', mescla de ser e de nada" (*PP* 455), como na expressão de nosso próprio ser, que é, segundo a fórmula hegeliana, não "um 'furo no ser', mas uma cavidade, uma dobra que se faz e que pode se desfazer" (*PP* 249), não "um puro nada sem nenhum peso terrestre" (*PP* 248), mas "uma existência corporal [...] trabalhada por um nada ativo" (*PP* 193).

** A fenomenologia, que integra o nada à constituição do mundo e de nosso ser, reativa "a estranha frase da IV *Meditação* que faz de mim 'um meio entre Deus e o nada'" (*PP* 54), contra o positivismo ontológico de um Espinosa (que reduz o nada a uma ilusão do primeiro gênero de conhecimento), contra o próprio Descartes, que "se deixa tentar pela pseudoevidência da teologia de que o nada nada é" (*PP* 55) e que, por sua vez, reduz o nada a um *nihil privativum* ou a uma falha de ser. Porém, devolver assim ao nada um estatuto ontológico positivo, recusando-se a identificá-lo a um nada puro e simples (*nichtiges Nichts*), tampouco é estabelecê-lo como princípio autônomo em face do ser e opor, como Sartre, o puro ser sem nada do em si e o puro nada sem ser do para si, pois, "se é por meio da subjetividade que o nada aparece no mundo, pode-se também dizer que é por meio do mundo que o nada vem a ser" (*PP* 516): somos, decerto, "a 'falha' desse 'grande diamante'" (*PP* 240), mas "jamais permanecemos em suspenso no nada" (*PP* 516). Em seus últimos trabalhos, Merleau-Ponty, enquanto desenvolve sua crítica da filosofia sartriana do nada

(*VI*, "Interrogação e dialética") e da reflexão como recuo ao fundo do nada e sobrançaria do ser, percebe ao mesmo tempo o que, do estranho pensamento da IV *Meditação*, escapa ao positivismo ontológico: a passagem pela negatividade da dúvida não se inscreve apenas em uma ordem provisória das razões, mas determina definitivamente o sentido do ser, o laço irrompível entre o ser e o não ser. O indubitável surge da dúvida mas não elimina a dúvida, ele a contém; o que quer dizer que "a reflexão cartesiana não é simples eliminação da sombra que dá lugar à luz, esquecendo seu próprio caminho... É *Aufhebung* [superação] que conserva" (*NC* 241); "a primeira verdade terá filhos de não ser" (*NC* 258).

*** Logo, a crítica do nada é, ao mesmo tempo, o reconhecimento de uma negatividade interior ao ser e que significa distância, e não coincidência, em relação ao percebido, ao passado, ao outro e também a nós mesmos: "Trevas de nós mesmos – o eu central é... nada" (*VI* 257).

Narcisismo

Fr.: *Narcissisme*

* Essa categoria de origem psicanalítica, inspirada no mito grego de Narciso, significa literalmente que em toda visão há "identidade do vidente e do visível" (*VI* 177), no sentido de que "o vidente, estando preso no que vê, continua a se ver a si mesmo" (*VI* 183), de tal modo que "também sofre, por parte das coisas, a visão que ele exerce sobre elas, como disseram muitos pintores, eu me sinto olhado pelas coisas" (*id*.).

** A noção de narcisismo passa do campo da psicologia para o da ontologia no momento em que faz entender que toda visão é reflexiva, não no sentido de que ela seria um pensamento de ver presente a si na imanência, mas no sentido de que ela nasce de um retorno do visível sobre ele mesmo. "Uma vez que vejo, é preciso (como tão bem indica o duplo sentido da palavra) que a visão seja redobrada por uma visão complementar ou por outra visão: eu mesmo visto de fora, tal como se outro me visse..." (*VI* 177): essa outra visão não é, como na reflexão das filosofias reflexivas, um *cogito me cogitare* que redobraria o *cogito cogitatum*, ela é o olhar que o visível volta para mim que o vejo ou meu próprio olhar refletido para ele mesmo pelo espelho das coisas, o retorno do visível sobre ele mesmo. Esse olhar que me volta pode ser "o olhar sem pupila, o espelho sem estanho das coisas" (*VI* 188); pode ser também o olhar agudo do *alter ego*, sob o qual "pela primeira vez me apareço revirado até o fundo debaixo de meus próprios olhos" (*VI* 189). A cada vez, porém, o visível se torna vidente quando se dá uma certa "torção" (*VI* 202), um "enrolamento do visível no visível" (*VI* 185), quando um certo visível concentra e recolhe para si sua própria visibilidade, dispersa inicialmente no mundo, assim como a criança nasce para si – no sentido de um si humano – no momento em que reconhece sua imagem no espelho, assumindo uma visibilidade que passa primeiro pelos outros e pelo mundo, voltando de certo modo para ela mesma ou apropriando-se de sua própria visibilidade. Assim, a visão é narcísica no sentido em que, para ver, cumpre ser não só visível, mas visível para si mesmo.

*** A noção de narcisismo faz parte daquelas que (como o transitivismo ou a sociabilidade sincrética), elaboradas primeiro nos cursos da Sorbonne sobre a psicologia da criança, revelam em seguida sua capacidade de abalar as categorias fundamentais da filosofia reflexiva não no sentido de que as primeiras se oporiam frontalmente às segundas, mas no sentido de que elas as reinterpretam e fundamentam à luz do ser bruto, pois "os pensamentos bárbaros da primeira idade permanecem como um saber adquirido indispensável sob os pensamentos da idade adulta" (*PP* 408).

Natureza

Fr.: *Nature*

* Essa noção está presente em toda a obra de Merleau-Ponty de modo operatório e só se torna um conceito temático no curso sobre *A natureza* do Collège de France. Ela designa uma dimensão do ser que nunca é rigorosamente separável do campo histórico, pois "o que é dado não é somente a coisa, mas a experiência da coisa, uma transcendência em um rastro de subjetividade, uma natureza que transparece através de uma história" (*PP* 376). Pensada como "mundo natural", ela é o "fundo de natureza inumana" (*PP* 374) no qual as coisas estão enraizadas. Pensada como dimensão da existência, ela designa o que no homem depende do "dado" ou da passividade (*PP* 171), ela é o "peso que sinto atrás de mim ao me tornar projeto" (*CN* 180), ela é ao mesmo tempo o fundamento portador da existência e o fundo no qual é engolida no momento em que a coesão de uma vida se desfaz na dispersão do tempo natural.

** Desde *A estrutura do comportamento*, Merleau-Ponty estabelece que o conceito de estrutura se opõe ao naturalismo que reduz a natureza a "uma multiplicidade de acontecimentos exteriores uns aos outros e ligados por relações de causalidade" (*SC* V) e, assim, libera a natureza da ontologia da coisa, conferindo-lhe uma interioridade: a natureza física, a natureza orgânica, psicológica ou social são ordens do ser, tipos de estrutura, níveis de integração, regimes de sentido, todos eles correlativos de uma percepção humana. A *Fenomenologia da percepção* reitera essa recusa de uma natureza em si. Natureza e história são inseparáveis. Os fenômenos ditos naturais se inscrevem na ordem da cultura e da história: a nebulosa de Laplace "não está atrás de nós, na nossa origem, está diante de nós no mundo cultural" (*PP* 494); e o corpo humano, que pertence à natureza enquanto organismo, é também e indivisivelmente um objeto cultural, um poder de expressão, o vestígio ou a sedimentação de uma existência. E, inversamente, a natureza continua sendo a trama permanente da história, enquanto base de toda atividade criadora: só há história humana se os comportamentos se depositarem na natureza e nela se reificarem (*PP* 399), se a produtividade humana se sedimentar. Por isso, o homem "enraiza-se na natureza no momento em que a transforma pela cultura" (*PP* 231). E é por isso, por contraste com a liberdade, que seria, antes, uma faculdade de recuo ante qualquer dado, que a natureza é a sutura original do homem com o mundo. Assim, natureza e cultura são inseparáveis, mas irredutíveis também à unidade: o ser no mundo não é pura aprendizagem, e, por exemplo, "a pregnância das formas geométricas está intrinsecamente fundamentada" (*VI* 266). A natureza está concomitantemente em mim e fora de mim. Fora de mim, ela é o "mundo natural" no qual sou jogado (*PP* 398), que é o correlato universal das funções sensoriais e motoras anônimas do corpo e cuja unidade, longe de depender de uma síntese de identificação, é "vivida como já feita ou já aí" (*PP* XII). Em mim, a natureza me qualifica como "natureza pensante", dada ou remetida a si própria pelo nascimento, existência anônima ou generalizada.

Enfim, retomando a ideia de que "sou capaz por conaturalidade de encontrar um sentido para certos aspectos do ser sem que eu mesmo o tenha dado por uma operação constituinte" (*PP* 250), o curso sobre *A natureza* mostra que "é natureza o que tem um sentido, sem que esse sentido tenha sido formulado por um pensamento. É a autoprodução de um sentido" (*CN* 19); a natureza é um "subjetivo-objetivo" que permanece incompreensível quando se separa, como faz o naturalismo (ou seu contraponto idealista), o subjetivo do objetivo (*CN* 102). Como Ser bruto, ela é a base de toda atividade criadora e é por isso que, denominando *Lógos* o que em 1945 era chamado história ou cultura, o curso sobre *A natureza* se propõe pensar a articulação da natureza com o *lógos* ou do "*lógos endiathetos*" com o "*lógos prophorikos*".

*** O conceito de natureza dos últimos textos traz a marca das reflexões de Heidegger sobre a *phýsis* grega, que se situa antes da bifurcação entre natureza e história (ou entre a *res extensa* e a *res cogitans*), e as *Notas de curso* mostram que a história interpretada como instituição "deve ser concebida no sentido da *phýsis* (essa *phýsis*, pensavam os gregos, que compreende os homens e os deuses e não apenas animais e plantas" (*NC* 127).

Pensamento naturante / pensamento naturado
Fr.: *Pensée naturante / pensée naturée*

* O pensamento é dito naturante na medida em que ele é uma luz natural, um poder de verdade. É dito naturado na medida em que aparece como condicionado e dependente (de uma cultura, de uma linguagem ou mesmo da integridade de nossa organização psicofísica). O pensamento humano é, segundo Merleau-Ponty, indivisivelmente naturado (motivo pelo qual é afetado pelos acontecimentos que ocorrem no corpo objetivo) e naturante (isto é, capaz de escapar de qualquer situação de fato e fundar um "saber adquirido para sempre").

** As noções de "naturante" e "naturado" são, em Merleau-Ponty, mais operatórias que temáticas e só são explicitadas no curso sobre *A natureza*, segundo o qual elas apareceram em filosofia junto com a ideia de infinito do judaísmo e do cristianismo. O naturante designa em primeiro lugar a interioridade a si e a infinita produtividade da natureza divina, e o naturado, a natureza como "produto e pura exterioridade", a natureza criada, exterior a si própria e a Deus. Depois, na metafísica moderna, o naturante e o naturado tornam-se atributos do homem: o homem se pensa como naturante na medida em que ele é luz natural e paira sobre a natureza da qual se torna "como mestre e dono", e ele se pensa como naturado na medida em que é interior à natureza e afetado pelos acontecimentos que nela ocorrem. A partir daí, a dificuldade é pensar a articulação dessas duas naturezas. Contra a tendência a separar o naturante do naturado atribuindo o primeiro ao espírito, à razão, ao pensamento "constituinte", e o segundo ao corpo, Merleau-Ponty procura pensar sua unidade na percepção ("o sujeito da percepção permanecerá ignorado enquanto não soubermos evitar a alternativa entre naturado e naturante..." – PP 241) e sobretudo na dialética do tempo constituinte e do tempo constituído.

*** Foi no problema da união da alma e do corpo que o pensamento clássico mais se aproximou de uma verdadeira unidade do naturante e do naturado. Segundo *A estrutura do com-*

portamento, Descartes, na sua *Dióptrica*, viu que a percepção da grandeza, da distância, da figura depende de uma "geometria natural" e decorre assim tanto de uma ação do pensamento (pensamento naturante) como de uma instituição da natureza (pensamento naturado).

Percepção
Fr.: *Perception*

* Contra o intelectualismo, que assimila o ver a um pensamento de ver e a uma pura "inspeção do espírito", contra o realismo, que o reduz a um acontecimento objetivo que ocorre numa natureza em si, Merleau-Ponty procura restituir a percepção em seu sentido originário, que é o de ser nossa abertura e nossa iniciação ao mundo, nossa "inserção" num mundo, numa natureza, num corpo "animado". Mantendo-se na junção da natureza, que é sua base, com a história, da qual ela é a fundação ou a instituição ao fazer o tempo natural virar tempo histórico, a percepção é, portanto, o "fenômeno originário" em que se determina o sentido de ser de todo ser que possamos conceber: "não conseguimos conceber coisa que não seja percebida ou perceptível" (*PP* 370), e "suas articulações são as mesmas de nossa existência..." (*id.*).

** Depois da obra de 1945, o "primado" da percepção é contestado, não só porque a percepção deve ser entendida, em última instância, como fenômeno de expressão ("Toda percepção [...] já é *expressão* primordial" – *PM* 111), mas sobretudo porque o próprio conceito de percepção está ligado ao pressuposto – que deve ser explicitado e criticado – de que a percepção seria uma "'primeira camada' de experiência", "concerniria a seres existentes num ponto do tempo e do espaço, por oposição ao conceito ou à ideia" (*VI* 209). Se a fé perceptiva, enquanto "doação em carne", "envolve tudo o que se oferece ao homem natural, como original numa experiência-matriz [...], quer se trate das coisas percebidas no sentido ordinário da palavra, quer de sua iniciação no passado, no imaginário, na linguagem, na verdade predicativa da ciência, nas obras de arte, nos outros ou na história" (*VI* 209-210), e se o visível é sustentado no seu aparecer por uma armação invisível de idealidade carnal, o fenômeno originário da "doação em carne" será chamado "experiência" e não "percepção" (*VI* 211).

*** Em 1945, a preocupação de Merleau-Ponty é mostrar que a idealidade, da qual a linguagem é a emergência, não pode se libertar de uma base sensível ou perceptiva e que a evidência intelectual nunca se separa totalmente da evidência sensível. Nos últimos textos, trata-se, antes, de reintegrar a idealidade (compreendida como *Wesen*, essência ativa ou operante) à vida concreta da experiência.

Quiasma

Fr.: *Chiasme*

* Recuperando um termo de retórica (o quiasma é uma figura de estilo que compreende quatro termos, cujas relações são o inverso do que faria esperar a simetria, como ser rico em defeitos e pobre em qualidades), Merleau-Ponty faz intervir a noção de quiasma cada vez que tenta pensar não a identidade, não a diferença, mas a identidade na diferença (ou a unidade por oposição) de termos que habitualmente são tidos como separados, tais como o vidente e o visível, o signo e o sentido, o interior e o exterior, cada um dos quais só é ele mesmo sendo o outro.

** O conceito de quiasma recolhe a verdade fenomenológica da distinção entre o sentido de ser da interioridade e o sentido de ser da exterioridade, recusando ao mesmo tempo considerá-los como separados ou separáveis. Assim, existe quiasma entre a palavra como "silêncio" ou "coisa simplesmente percebida" e a palavra como significante e expressão do pensamento, no sentido em que a passagem para a exterioridade da expressão é o único caminho para a interioridade do pensamento: "como o tecelão [...], o escritor trabalha no avesso: lida apenas com a linguagem e é assim que, de súbito, vê-se rodeado de sentido" (*S* 56): o quiasma na linguagem designa "o dentro e o fora articulados um ao outro" (*VI* 316), passando um para o outro e se determinando, assim, como "diferença dos idênticos" (*id*.). Quiasma também entre o "para si" e o "para outrem". O "para si" não é pura interioridade e o "para outrem" não é declínio, por objetivação, da interioridade em exterioridade: "eles são o outro lado um do outro" (*VI* 317) e, por isso, "relação com outrem e comigo são entrelaçadas e simultâneas [...]. A agressão é também masoquismo: é a mim que persigo no outro, é ao outro que persigo em mim" (*NC* 153). Quiasma igualmente entre ser e nada: o nada do Si nada mais é que "a outra extremidade invisível do eixo que nos fixa às coisas e às ideias" (*S* 29), de sorte que não há ser ou coisas senão suportados por uma infraestrutura de nada e não há nada ou Si senão suportado por uma infraestrutura de ser. Quiasma, enfim, entre a filosofia e o mundo da vida: a filosofia está compreendida no mundo da vida, mas é também ela que o desvela e o compreende (*VI* 224).

*** Quiasma, entrelaçamento, reversibilidade designam uma estrutura ontológica que a *Fenomenologia da percepção* esboça, mas que só será verdadeiramente tematizada no momento em que se radicalizar a crítica das oposições da reflexão (sujeito-objeto; interior-exterior; eu-outrem etc.) e se formular a exigência dialética da "verdadeira filosofia": "compreender o que faz que o sair de si seja entrar em si e vice-versa" (*VI* 252).

Reflexão

Fr.: *Refléxion*

* A reflexão é, desde Descartes, o ato filosófico pelo qual o sujeito cognoscente, retornando da evidência do mundo para a pura consciência de si, busca fundamentar as operações da vida teórica e prática e sua validade. Segundo Merleau-Ponty, tal reflexão carece de radicalidade: ela pretende se elevar a "um pensamento naturante" que constitui o mundo e "o aclara de ponta a ponta" (*PP* XI) e esquece que essa reflexão é segunda e que, sucedendo a uma vida irrefletida em que se enraíza, não consegue "eliminar", consegue apenas "transferir para mais acima a opacidade do pensamento para si mesmo" (*PP* 454).

Por isso a obra de 1945 substitui a reflexão "idealista" por uma reflexão "fenomenológica" que não se retira do mundo, mas "toma distância para ver brotar as transcendências" (*PP* IV). Em *O visível e o invisível*, Merleau-Ponty estende, num mesmo movimento, sua crítica à reflexão fenomenológica, mas restitui ao mesmo tempo à reflexão sua significação ontológica originária, pensando-a como reflexão carnal da mão palpante e da mão palpada, ou reflexão de si em outrem e de outrem em si na percepção dos gestos e na escuta da fala. Uma reflexão filosófica que assim pensasse sua arqueologia carnal, em que "os problemas últimos seriam levados a sério" (*VI* 70), deveria ser chamada "sobrerreflexão".

** A reflexão é infiel à experiência por três razões. Em primeiro lugar, ela faz a evidência do mundo depender da atividade de um sujeito constituinte apesar de o "si da percepção" (*VI* 254) não ser um eu ativo e sim "o titular anônimo em cuja direção caminham as perspectivas da paisagem" (*VI* 42). Em segundo lugar, ela idealiza a experiência ao subordiná-la a invariantes "eidéticas" que seriam sua estrutura inteligível (redução eidética). Ora, essa idealização da experiência pressupõe, segundo Merleau-Ponty, uma "experiência já posta em palavras" e encerra o trabalho do pensamento numa "exploração imanente dos significados de palavras" (*VI* 210). Em vez de reduzir a experiência à fala falada, trata-se, antes, de pensar uma linguagem que opere, que participe de nossa relação interrogativa com o ser bruto ou selvagem. Enfim, o caráter egológico da reflexão torna impensável o fenômeno da intersubjetividade. Essas críticas levam Merleau-Ponty a um outro conceito da reflexão, cujo modelo é a reflexão carnal, a reversibilidade da mão palpante e da mão palpada: "toda reflexão tem por modelo aquela da mão palpante pela mão palpada [...], a reflexão não é identificação a si (pensamento de ver ou de sentir), é não diferença consigo = identificação silenciosa ou cega".

*** A questão da reflexão permite ver bem a virada que conduz da *Fenomenologia da percepção* para *O visível e o invisível*. Merleau-Ponty inscreve seu pensamento inicialmente no quadro da reflexão fenomenológica. Depois, à medida que o projeto de uma ontologia não separada amadurece, ele toma cada vez mais claramente consciência de um risco inerente à postura reflexiva, o de projetar no irrefletido os resultados da reflexão e separar, assim, o pensamento da experiência em vez de conduzir a experiência à inteligência de seu próprio sentido. Não se trata, contudo, de um puro e simples retorno ao irrefletido. O caminho da reflexão é necessário para a filosofia, mas no sentido de uma reflexão que se interroga sobre "nosso contato com o ser em nós e fora de nós antes de qualquer reflexão" (*VI* 104) e que abre a dimensão da interrogação como relação última com o ser.

Reversibilidade

Fr.: *Réversibilité*

* Desde a *Fenomenologia da percepção*, Merleau-Ponty, na esteira de Husserl, nota que o corpo vidente e palpante *tenta* se ver vidente ou se palpar palpante: ele tenta "surpreend[er] a si mesmo, de fora, exercendo sua função de conhecimento, esboça uma espécie de reflexão" (*PP* 108), na qual o palpante se inverte em palpado e o palpado em palpante. Em *O visível e o invisível*, essa reflexão no sentido de uma inversão do senciente em sentido ou do ativo em passivo é estendida à relação do corpo com o mundo e consigo mesmo e qualifica-se, assim, como uma estrutura ontológica fundamental da carne.

** A reversibilidade caracteriza a relação em virtude da qual o palpar ou o ver são inseparáveis de um ser palpado e de um ser visto. A atividade só pode se dar numa proximidade constante com a passividade. Inscreve-se, assim, nas relações do senciente com o sentido, uma reversibilidade, uma circularidade em que se revela o copertencimento deles, mas também sua distância, sem coincidência ou fusão. Essa situação mostra não só que "a distinção entre sujeito e objeto está embaralhada em meu corpo" (*S* 211), mas também e sobretudo que está embaralhada no acoplamento do corpo com o mundo. Quando toco uma pedra para sentir seu liso ou seu rugoso, meus dedos exploradores se deixam docilmente conduzir pela melodia tátil do grão da pedra. A sensação é essa deiscência que faz nascer, um para o outro, o sensível senciente e o sensível sentido.

*** Portanto, a reversibilidade faz entender que o corpo animado só está aberto para si mesmo através de sua abertura para os outros corpos e para o mundo. Não há interioridade senão exposta à exterioridade, através da qual somente ela se encontra. Um puro agir seria contraditório. Um sujeito que paira acima do mundo é um sujeito sem mundo.

Sedimentação
Fr.: *Sédimentation*

> * Há sedimentação quando uma intenção significativa nova "se incorpora à cultura" (*S* 115) mobilizando e transformando os "significados disponíveis" e funda, assim, uma tradição capaz de ser indefinidamente retomada e transformada: "a sedimentação é o único modo de ser da idealidade" (*VI* 288).
>
> ** A *Fenomenologia da percepção* evoca uma "sedimentação de nossas operações mentais" num mundo de significados adquiridos que ficam, então, à nossa disposição "sem que precisemos, a cada momento, refazer sua síntese" (151), ou uma sedimentação de nossos "atos de fala" em "meios de expressão" e da "fala falante" em um "mundo linguístico" (*PP* 229), ou, ainda, de uma descida para a natureza de nossos comportamentos, que "nela se depositam na forma de um mundo cultural" (*PP* 399). Contudo, a sedimentação não está verdadeiramente integrada ao circuito da historicidade: embora reconheça que a sedimentação faz o sentido existir para si, Merleau-Ponty valoriza, antes, o vetor da transcendência, da liberdade ou do "excesso de nossa existência sobre o ser natural" (*PP* 229). A sedimentação só se torna fundadora de historicidade no momento em que se precisa o vínculo entre a liberdade e esse tecido de "significados operantes" que é o meio do simbolismo. A reflexão sobre a concepção marxista da história e sobre o conceito husserliano de "instituição" (*Stiftung*) conduz a um pensamento dialético da sedimentação, que já não é apenas o

avesso necessário da transcendência, mas sua própria vida; o vínculo entre interior e exterior se fortalece: sair de si é também entrar em si.

*** Pela sedimentação, a produtividade humana não entra apenas na expressão, mas na instituição: o sedimentado é o instituído, que forma "dobradiça", "entre os outros e mim, entre mim e mim mesmo", e que é "a garantia de nosso pertencimento a um mesmo mundo" (*RC* 60).

Ser bruto (Ser selvagem, Ser vertical)

Fr.: *Être brut (Être sauvage, Être vertical)*

* O Ser bruto designa o "mundo antes do conhecimento de que o conhecimento sempre fala" (*PP* III), o "mundo vivido" (*VI* 208), o "mundo presente que vela às portas de nossa vida" (*VI* 209), o "mundo percebido" (*VI* 223), para o qual estamos abertos na fé perceptiva, que é "selvagem" porque ainda não está "reduzido a nossas idealizações e à nossa sintaxe" (*VI* 139). É esse mundo que a filosofia se propõe descrever sem nele introduzir as categorias da objetividade ou da reflexão e que é "questionado", não "objetivado" ou apreendido em enunciado. O Ser selvagem é "mescla do mundo e de nós" (*VI* 138), "imbricação de tudo sobre tudo, ser de promiscuidade" (*VI* 287), ser de envolvimento, ser de porosidade.

** A descrição do Ser bruto não pode se inspirar no nosso conhecimento do "mundo objetivo" ou do "universo do saber", pois "a ciência supõe a fé perceptiva e não a explica" (*VI* 31). Deve até afastar a categoria de percepção (sob cuja autoridade, na obra de 1945, operava-se o retorno ao mundo vivido), que se inscreve num jogo de oposições (entre o fato e a essência, por exemplo) cuja origem deve ser pensada e a validade justificada. Supõe até uma renúncia à tese ou ao enunciado que considera as coisas "sob a objetiva de um microscópio" (*VI* 138): a descrição do Ser bruto deixa as coisas serem e "se limita a lhes devolver o vazio, o espaço livre que [elas] voltam a pedir, a ressonância que [elas] exigem..." (*VI* 138). Como o Ser bruto está aquém do Ser e do nada, já que, como "ser poroso", ele é a originária indivisão deles, também a postura interrogativa diante do Ser bruto mantém-se "aquém do sim e do não" (*id*.).

*** Se o Ser bruto é verdadeiramente o objeto da filosofia, ele não pode ser estranho ao pensamento clássico. Assim, a concepção leibniziana da liberdade busca seu caminho entre "a concepção necessitária do ser" (*VI* 264), que corresponde à exigência do princípio de razão, e "o surgimento imotivado do Ser bruto" (*id*.), ou então entre o "Deus escondido" e o *ens realissimum*. E Descartes sabia que tanto no *cogito* como em Deus a luz é abismo.

Temporalidade
Fr.: *Temporalité*

* O capítulo sobre "A temporalidade" é o ápice da *Fenomenologia da percepção*. A temporalidade é o verdadeiro nome do ser, pois "nada existe, tudo se temporaliza" (*PP* 383); está implicada no sentido de ser do mundo e da subjetividade, pois "o mundo [...] é o núcleo do tempo" (*id*.) e "a subjetividade é o próprio tempo" (*PP* 278). Ela faz comunicarem-se, através da percepção, a ordem da natureza e a ordem da história. É a sutura do absoluto (o pensamento naturante ou a verdade) e do relativo (o pensamento naturado, a facticidade). É o vínculo entre o sujeito e o mundo, a alma e o corpo, o *ego* e o *alter ego*. Não está *nas* coisas ou não é um *escoar* das coisas independente da consciência, mas a consciência tampouco é um poder soberano de constituição do tempo, ela não paira sobre o tempo, ela não é o autor do tempo, está apanhada nesse tempo que, embora não surja sem ela, não surge por meio dela. A temporalidade é, portanto, "campo de presença", ou seja, indivisivelmente dimensão do mundo e dimensão do sujeito.

** Merleau-Ponty distingue, sem jamais separá-los, o tempo natural e o tempo histórico. O tempo natural é "o tempo da natureza com o qual coexistimos" (*PP* 517), mas não é estranho à subjetividade, da qual é um "esboço natural" (*PP* 517), já que, a rigor, não há tempo nas coisas (*PP* 471) e o tempo "precisa de uma síntese" (*PP* 475). O tempo natural e o tempo histórico mantêm entre si uma relação de fundação recíproca (*Fundierung*). Em certo sentido, o tempo natural é o solo do tempo histórico, e o corpo que percebe é "esse lugar de natureza" em que o tempo natural vira tempo histórico (*PP* 277). Mas o tempo natural também está encaixado ou inscrito no tempo histórico, já que "o tempo objetivo, que se escoa e existe parte por parte, não seria nem mesmo suspeitado se não estivesse envolvido em um tempo histórico que se projeta do presente vivo em direção a um passado e a um futuro" (*PP* 384). A percepção é, portanto, uma charneira da temporalidade: já está na ordem da história, mas ainda está na ordem da natureza, sua temporalidade, como às vezes diz Merleau-Ponty, é a de uma "pré-história". Apoia-se, atrás de si, numa dispersão temporal da ordem vital ou da ordem física; mas também anuncia, adiante de si, uma temporalidade sintética do mundo histórico que, no limite, seria "eternidade de vida" (*PP* 475).

A temporalidade é também a base da verdade. A capacidade de produzir, pela expressão, algo verdadeiro ou um "saber adquirido para sempre" anuncia-se no tempo que "nos oferece o primeiro modelo" (*PP* 450), pois "o tempo verdadeiro" "mantém tudo" (*PP* 451), ele é a dimensão em que cada acontecimento recebe "um lugar inalienável" (*PP* 450): "aquilo que vivemos é e permanece perpetuamente para nós, o velho toca sua infância. Todo presente que se produz crava-se no tempo e pretende a eternidade" (*id.*).

*** Merleau-Ponty oferece, pois, recursos originais para pensar a relação entre tempo cosmológico e tempo da consciência. Ainda que recuse a comparação entre o curso do tempo e o escoamento de um rio (*PP* 470), retém a imagem de "um fluxo que não se dispersa como um líquido, que, no sentido ativo, se escoa..." (*PP* 320, nota), e sobretudo a imagem do jato d'água: "diz-se que existe um tempo como existe um jato d'água" (*PP* 482). Essa imagem confere ao tempo a unidade de uma forma dinâmica que é uma pressão contínua no ser e sublinha, por conseguinte, que o tempo, que é o "estilo" do fenômeno do mundo, não é separável nem do mundo nem da percepção. Essa recusa da idealidade do tempo se confirma nos cursos do Collège de France sobre *A natureza*. O que interessa a Merleau-Ponty em Whitehead é a tentativa de escapar da "tradição constante em filosofia desde santo Agostinho" (*CN* 163), que consiste em definir a matéria como *mens momentanea* e em fazer refluir o tempo para o lado do sujeito: "Existe uma passagem natural do tempo, a pulsação do tempo não é uma pulsação do sujeito mas da Natureza, ela atravessa a nós, espíritos" (*CN* 162).

Transcendência
Fr.: *Transcendance*

* Na *Fenomenologia da percepção*, a transcendência designa ao mesmo tempo a abertura do sujeito para o mundo, a "transcendência ativa" (*PP* 431) e a opacidade do mundo, que é inseparável de sua realidade. O "problema" da transcendência (*PP* 417) consiste, então, em determinar o vínculo entre a abertura para o mundo e a opacidade do mundo. Nos textos mais tardios, Merleau-Ponty procura pensar a opacidade do mundo sem referi-la a uma transcendência ativa. A transcendência designa então o caráter dimensional das coisas, o pertencimento delas a um "raio de mundo", a profundidade de invisível que se anuncia e se esconde sob a "pele" das coisas.

** No polo "subjetivo", a transcendência designa a transcendência ativa da consciência, "o movimento pelo qual ela se joga numa coisa e no mundo" (*PP* 178) ou na direção do outro (*PP* 413), a "ek-stase" do sujeito, "orientado ou polarizado para o que ele não é" (*PP* 491). Ela designa também uma produtividade, uma criação de sentido, "o movimento pelo qual a existência toma novamente para si e transforma uma situação de fato" (*PP* 197). No polo "objetivo", a transcendência designa indivisivelmente a opacidade e a realidade das coisas, isto é, um certo retraimento do ser delas, diretamente dos esboços concordantes nos quais elas se dão (*PP* 270). Em certo sentido, esses dois polos são exatamente correlativos; mas é a transcendência ativa (entendida a partir da síntese passiva da temporalidade) que explica a realidade e a opacidade do mundo: "o ato de transcendência pelo qual o sujeito se abre [para o mundo] *arrebata-se a si mesmo* [grifo meu] e encontramo-nos em presença de uma natureza que não precisa ser percebida para existir" (*PP* 180). Ou então: "... a questão sempre é saber como posso ser aberto para fenômenos que me ultrapassam e que, no entanto, só existem na medida em que os retomo e os vivo" (*PP* 417). Essa primazia da transcendência ativa desaparece em *O visível e o invisível*. A partir daí, trata-se de se libertar da "ilusão solipsista que acredita que toda superação é autossuperação" (*VI* 189) e de pensar a transcendência da coisa sem fundamentá-la numa autotranscendência temporal da subjetividade. A transcendência designa "a identidade na diferença" (*VI* 279), isto é, o quiasma ou a reversibilidade do vidente e do visível: o vidente não pode possuir o visível (que se retira na sua transcendência) na medida em que ele mesmo pertence ao visível e "está nele".

*** Essa modificação profunda do conceito de transcendência faz eco com o percurso de Heidegger. A transcendência tal como é entendida em 1945 tem parentesco com a transcendência ou com a estrutura ek-stática da temporalidade segundo *Ser e tempo* (*PP* 478). E a "virada" de Heidegger não está ausente do movimento mediante o qual a transcendência é retirada do sujeito e se torna uma estrutura intraontológica do mundo.

Verdade

Fr.: *Vérité*

* Contra uma reflexão idealista que situa a verdade num "mundo das ideias" desligado do "mundo percebido", a *Fenomenologia da percepção* propõe-se "descrever a percepção do mundo como o que fundamenta para sempre nossa ideia da verdade" (*PP* XI). Pois, ainda que somente "a fala instale em nós a ideia de verdade como limite de seu esforço" (*PP* 221), a verdade que a fala institui tem o mesmo fundamento que a verdade perceptiva: a capacidade que o tempo tem "de apoderar-se de si mesmo à medida que ele se abandona" (*PP* 452) e de criar, assim, um saber adquirido para sempre. Com *O visível e o invisível* enseja-se uma virada: o lugar originário da verdade é pensado, sob o nome de "luz natural", como "a surda reflexão do corpo sobre ele mesmo" (*VI* 202), a disposição da cavidade ou da dobra de onde se elabora a visão no momento em que um visível se torna visível para ele mesmo (*VI* 193).

** Se a percepção – cuja verdade é sempre presuntiva – fundamenta nossa ideia da verdade, então cumpre admitir – contra qualquer dogmatismo e qualquer relativismo – que a verdade não é separável da não verdade: "a mesma razão me torna capaz de ilusão e de verdade [...], a saber, que existem atos nos quais me concentro para me ultrapassar..." (*PP* 439). Assim, a verdade é mesmo uma coincidência do pensamento consigo mesmo, mas essa coincidência não ocorre na imanência a si de uma substância pensante, ocorre no "tempo verdadeiro que mantém tudo" (*PP* 451), pela virtude da expressão que incorpora um passado ao presente, abre um futuro e cria um "saber adquirido para sempre". Também se dirá que "a verdade é um outro nome da sedimentação, que é, ela mesma, a presença de todos os presentes no nosso" (*S* 120). E se distinguirão então duas ordens de sedimentação: a sedimentação científica, que "não acumula apenas criação sobre criação", mas "integra" (*PM* 142), ou seja, reafirma as fórmulas antigas no momento em que ela as ultrapassa e traça um progresso, e a sedimentação da arte, que "recai à medida que se elabora" (*id*. 97).

Nas suas notas de trabalho de *L'origine de la vérité*[1], Merleau-Ponty radicaliza a base sensível de toda a verdade: "essa certeza injustificável de um mundo sensível comum a todos nós é, em nós, a base da verdade" (*VI* 27). A "luz instituída" da "fala operante" é pensada segundo a mesma estrutura de reflexão carnal que a "luz natural"; ela é dita "instituída" no sentido de que se inscreve em uma historicidade que compreende "produções e reprodução continuadas" (*RC* 162). A "eternidade de vida" (*PP* 475) à qual toda verdade pretende é entendida como simultaneidade: "por trás da ideia, há a unidade, a simultaneidade de todas as durações reais e possíveis, a coesão de uma ponta à outra de um só ser" (*VI* 150).

*** Como Merleau-Ponty afirmou em sua conferência na Sociedade Francesa de Filosofia, o retorno à percepção não é uma simples curiosidade psicológica que deixaria intacta nossa ideia da verdade. Contudo, será apenas nos últimos textos, quando a verdade é remetida à reflexão carnal (*VI* 202) e não mais a uma "dialética do tempo constituído e do tempo constituinte" (*PP* 278), que todo o sentido dessa afirmação se desenvolverá.

1. *A origem da verdade*, primeira denominação da obra póstuma que viria a ser *O visível e o invisível*. (N. da T.)

Vida

Fr.: *Vie*

* Na *Fenomenologia da percepção*, a noção de vida refere-se, em primeiro lugar, ao "mundo da vida", no sentido husserliano da vida "natural" no mundo, da vida "irrefletida" (*PP* XI) ou "antepredicativa" da consciência. Em *A estrutura do comportamento* e no curso sobre *A natureza*, a vida designa sobretudo o sentido de ser do vivo. Esses dois sentidos se comunicam: a vida irrefletida da consciência é também o "movimento da existência" (*PP* 187), que pode adormecer ou se cansar ou se deixar tentar pela morte, ou, ainda, um "registro" (*PP* 466) que se abriu devido ao nascimento, "uma única temporalidade que se explicita a partir de seu nascimento e a confirma em cada presente" (*id.*), um "fluxo de vida inesgotável do qual não posso pensar nem o começo nem o fim" (*PP* 418), mas que "tem um sabor mortal". Nascimento, fluxo de vida, cansaço, morte são as coordenadas da vida da consciência. Segundo a obra de 1945 que antecipa a "reflexão carnal" dos últimos textos, a vida é mesmo o ser comum do que percebe e do percebido: "o objeto percebido é animado de uma vida secreta", ele é "um organismo de cores, de odores, de sons, aparências táteis..." (*PP* 48); dessa vida secreta, a tomada de consciência intelectualista carece, pois ela "não chega até esse tufo vivo da percepção" (*id.*).

** Um organismo pode ser "considerado um segmento de matéria, uma reunião de partes reais justapostas no espaço"

(*SC* 204). Mas esse não é o "organismo verdadeiro" (*id.*): "o fenômeno da vida aparecia no momento em que um pedaço de extensão, pela disposição de seus movimentos e pela alusão que cada um deles faz a todos os outros, recolhia-se sobre si mesmo, punha-se a exprimir alguma coisa e a manifestar fora um ser interior" (*SC* 218). A vida está além do plano físico-químico, mas esse além não exige nenhum recurso ao vitalismo: "o sentido do organismo é seu ser" (Goldstein). O próprio conhecimento biológico é uma compreensão da automanifestação do vivo: para que apareçam os processos típicos do organismo, como a assimilação, a reprodução, o crescimento ou o envelhecimento, é necessário "traçar linhas de clivagem, escolher pontos de vista nos quais alguns conjuntos recebem um significado comum…" (*SC* 205). O organismo é uma estrutura, uma ideia indivisivelmente objetiva (no sentido de que o organismo se constitui como interioridade ou como ideia recolhendo-se sobre si mesmo) e subjetiva (no sentido de que essa ideia não é separável de nossa inteligência do sentido de ser do organismo), e cujas duas vertentes estão unidas pela própria vida, como automanifestação: "pode perfeitamente ocorrer que a vida não esteja unicamente submetida ao princípio de utilidade e que haja uma morfogênese visando a expressão" (*CN* 240). Vê-se assim que o conhecimento biológico (e, através dele, o conhecimento da natureza como tal) só pode pensar sua possibilidade e sua verdade a partir de uma reflexão sobre o sentido de ser de seu objeto, o ser vivo, o ser natural: a natureza é "a autoprodução de um sentido" (*CN* 19); e "o que habita a natureza não é o espírito, mas esse começo de sentido em via de ajustar-se e que não está inteiramente destacado […]. É necessário que o sujeito intervenha para liberar o sentido, mas essa liberação de sentido não é constituinte" (*CN* 68). Segundo a fórmula hegeliana, somente o vivo sente o vivo: o conhecimento biológico bem poderia ser somente uma figura da interanimalidade.

*** Quando a divisão entre um pensamento que seria pura interioridade e uma natureza que seria pura exterioridade é aceita sem crítica, a vida não pode receber um sentido de ser inteligível. Por isso, "Sartre não parece nem mesmo admitir que haja no nível do organismo [...] significados operantes antes de serem conhecidos. Ele fala de Goldstein com um mau humor que também atinge a *Crítica do juízo*..." (*AD* 191). A ordem vital – melhor que a ordem física ou a ordem humana – abala o preconceito secular da oposição radical entre interioridade e exterioridade e impõe à consciência reconhecer que nem todo sentido vem ao mundo por sua soberana doação de sentido. A vida faz as ordens do ser se comunicarem e propõe à filosofia a tarefa de pensar a totalidade.

LISTA DOS TERMOS EM PORTUGUÊS

Carne 9
Cogito 11
Corpo 12
Deiscência 14
Dialética 15
Dimensão 17
Diplopia 18
Elemento 19
Escapo 20
Espaço 22
Espírito 23
Essência 24
Estrutura ou forma (*Gestalt*) 26
Experiência 27
Expressão 29
Facticidade 30
Fala falante / fala falada 32
Fenomenologia 33
Filosofia 35
Fundação (instituição) 37
História 39
Imbricação 41
Indivíduo 42
Intercorporeidade 44
Interrogação 45
Intersubjetividade 46
Intraontologia 48

Invisível 49
Liberdade 51
Lógos 53
Mundo 54
Nada 56
Narcisismo 57
Natureza 58
Pensamento naturante / pensamento naturado 61
Percepção 62
Quiasma 63
Reflexão 64
Reversibilidade 66
Sedimentação 67
Ser bruto (Ser selvagem, Ser vertical) 68
Temporalidade 69
Transcendência 71
Verdade 72
Vida 74

LISTA DOS TERMOS EM FRANCÊS

Chair 9
Chiasme 63
Cogito 11
Corps 12
Déhiscence 14
Dialectique 15
Dimension 17
Diplopie 18
Échappement 20
Élément 19
Empiètement 41
Espace 22
Esprit 23
Essence 24
Être brut (Être sauvage, Être vertical) 68
Expérience 27
Expression 29
Facticité 30
Fondation (institution) 37
Histoire 39
Individu 42
Intercorporéité 44
Interrogation 45
Intersubjectivité 46
Intraontologie 48
Invisible 49
Liberté 51

Lógos	53
Monde	54
Narcissisme	57
Nature	58
Néant	56
Parole parlante / parole parlée	32
Pensée naturante / pensée naturé	61
Perception	62
Phénoménologie	33
Philosophie	35
Réflexion	64
Réversibilité	66
Sédimentation	67
Structure ou forme (*Gestalt*)	26
Temporalité	69
Transcendance	71
Vérité	72
Vie	74